Responsabilidade Civil das Prestadoras de Serviço Público:

Um Enfoque sobre o Não Usuário

FRANCIELI PISETTA

Bacharel em Direito pela Fundação Universidade Regional de Blumenau (FURB); Especialista em Direito Civil pela Fundação Universidade Regional de Blumenau (FURB) e Centro Universitário de Jaraguá do Sul (UNERJ); Especialista em Direito Processual Civil pela Universidade do Sul de Santa Catarina (UNISUL) e Rede de Ensino LFG; Especialista em Direito Público pela Fundação Universidade Regional de Blumenau (FURB) em convênio com a Associação dos Magistrados Catarinenses (AMC), Escola Superior da Magistratura do Estado de Santa Catarina (ESMESC) e Fundação Fritz Müller

Responsabilidade Civil das Prestadoras de Serviço Público:

Um Enfoque sobre o Não Usuário

LTr

LTr EDITORA LTDA.

© Todos os direitos reservados

Rua Jaguaribe, 571
CEP 01224-001
São Paulo, SP — Brasil
Fone (11) 2167-1101
www.ltr.com.br

LTr 4794.7
Junho, 2013

Dados Internacionais de Catalogação na Publicação (CIP)
(Câmara Brasileira do Livro, SP, Brasil)

Pisetta, Francieli
   Responsabilidade civil das prestadoras de serviço público : um enfoque sobre o não usuário / Francieli Pisetta. — São Paulo : LTr, 2013.

   Bibliografia.
   ISBN 978-85-361-2606-7

   1. Direito civil — Brasil 2. Pessoas jurídicas — Responsabilidade civil 3. Prestação de serviços — Brasil 4. Responsabilidade civil — Brasil 5. Serviços públicos — Brasil I. Título.

13-05962   CDU-347:351.712.2(81)

Índice para catálogo sistemático:

1. Brasil : Responsabilidade civil das pessoas jurídicas de direito privado prestadoras de serviço público perante o não usuário desse serviço : Direito público
347:351.712.2(81)

AGRADECIMENTOS

A meus pais, Pedro e Erotides, criaturas fenomenais, pelo apoio constante e incondicional.

À minha irmã e melhor amiga, Gianini, por me dar conhecimento do verdadeiro amor fraterno, pelo incansável incentivo, pelas leituras e debates.

A meu noivo, José Geraldo, pelo companheirismo, pela cumplicidade e por sempre acreditar em meus potenciais.

Ao orientador de minha pesquisa científica que deu origem a este livro, MSc. Cláudio Eduardo Regis de Figueiredo e Silva, pela atenção e dedicação.

A Deus, mormente, por tudo.

SUMÁRIO

1. Introdução 11

2. Serviço público 17
   2.1. Conceituação e classificação 17
       2.1.1. Conceituação 17
       2.1.2. Classificação 19
   2.2. Titularidade do serviço e titularidade da prestação 22
   2.3. Concessionárias e permissionárias 27

3. Aspectos gerais sobre a responsabilidade civil na prestação do serviço público 33
   3.1. Conceituação e evolução 33
       3.1.1. Conceituação 34
       3.1.2. Evolução 36
   3.2. A disciplina legal existente no Brasil 42
   3.3. Requisitos e causas excludentes 46
       3.3.1. Requisitos 46
       3.3.2. Causas excludentes 52

4. A responsabilidade civil das pessoas jurídicas de direito privado prestadoras de serviço público em relação ao terceiro não usuário do serviço 57
   4.1. A responsabilidade civil das pessoas jurídicas de direito privado prestadoras do serviço público perante o usuário desse serviço e a relação com o Estado 58
   4.2. O recurso extraordinário 591.874 e a responsabilidade civil das pessoas jurídicas de direito privado prestadoras do serviço público perante o não usuário desse serviço 65
       4.2.1. O recurso extraordinário 591.874 66
       4.2.2. A responsabilidade civil das pessoas jurídicas de direito privado prestadoras do serviço público perante o não usuário desse serviço 73

5. Considerações finais 81

Referências bibliográficas 87

"Teu dever é lutar pelo direito; porém, quando encontrares o direito em conflito com a justiça, luta pela justiça."

Eduardo J. Couture

1
INTRODUÇÃO

O presente trabalho, requisito parcial para a obtenção do título de Especialista em Direito Público, pretende analisar, precipuamente, a responsabilidade civil das pessoas jurídicas de direito privado prestadoras de serviço público em relação ao terceiro não usuário do serviço.

Já dizia Aristóteles que o homem é um animal político. Com efeito, é indiscutível a natural necessidade do ser humano de viver em sociedade. E, diante da complexidade das relações sociais, surge a figura do Estado, criada pelo próprio homem, para organizá-las e discipliná-las. Neste passo, para Dalmo de Abreu Dallari, o Estado é "[...] a *ordem jurídica soberana que tem por fim o bem comum de um povo situado em determinado território*".[1]

Assim, é indissociável a ideia de que o Direito é imprescindível na eterna busca da sociedade pelo escopo maior, qual seja, o bem comum. Havendo, pois, um conflito, o Estado, representado pela figura do juiz, aplica o Direito ao caso concreto para restabelecer a harmonia social.

Vale lembrar que esse mesmo Estado possui três funções: legislativa, judiciária e executiva. Ocorre que, muitas vezes e no exercício de qualquer uma dessas funções, o prestador de um determinado serviço público pode produzir danos e dar origem ao conflito, seja por ação ou omissão. Nessa seara, surge o relevante tema da responsabilidade extracontratual da pessoa jurídica que realiza o serviço público.

Ao longo da história, várias teorias foram desenvolvidas, partindo-se da absoluta irresponsabilidade do Estado pelos prejuízos acarretados por seus agentes. No Brasil, atualmente é adotada a teoria do risco administrativo, a teor do previsto no § 6º do art. 37 da Constituição da República Federativa do Brasil de 1988, segundo a qual os danos serão indenizados independentemente da culpa da pessoa jurídica de direito público ou da pessoa jurídica de direito privado prestadora de serviço público.

Especificamente sobre o serviço público, é importante enfatizar que este pode ser prestado por pessoa jurídica de direito público ou de direito privado,

---

(1) DALLARI, Dalmo de Abreu. *Elementos de teoria geral do Estado*. 19. ed. atual. São Paulo: Saraiva, 1995. p. 101.

a exemplo das concessionárias e permissionárias. Nesse contexto, não se discute a responsabilidade civil quanto aos prejuízos ocasionados na prestação do serviço público em relação ao usuário; a polêmica reside quando o dano é causado ao terceiro não usuário.

O Supremo Tribunal Federal, em 26 de agosto de 2009, no Recurso Extraordinário (RE) 591.874, mudou a orientação que mantinha até então para estabelecer entendimento de que a responsabilidade civil das pessoas jurídicas de direito privado prestadoras de serviço público é objetiva em relação a terceiros usuários e não usuários do serviço. Para tanto, discutiu-se se a palavra "terceiro", mencionada no § 6º do art. 37 da Constituição da República Federativa do Brasil de 1988, abrangia ou não as pessoas que não se utilizavam do serviço público. Nesse norte, o debate instaurado e a intenção de estudar a responsabilidade civil das pessoas jurídicas de direito privado prestadoras de serviço público no tocante ao terceiro não usuário desse serviço consistem nos motivos pelos quais foi realizada a pesquisa.

Enfim, as pessoas jurídicas de direito privado prestadoras de serviço público são objetivamente responsáveis pelos danos causados ao terceiro não usuário desse serviço? Exatamente neste ponto reside a grande discussão pertinente à problemática em apreço, pois é a indagação final de vários outros questionamentos: A responsabilidade civil das delegatárias é objetiva em relação ao usuário do serviço por elas prestado? Às concessionárias e permissionárias aplica-se o mesmo regime da responsabilidade estatal no tocante aos danos ocorridos na prestação do serviço? Por quê? O Poder Público concedente responde subsidiariamente pelos danos causados pelas delegatárias na prestação do serviço público? O vocábulo "terceiro" contido no texto do § 6º do art. 37 da Constituição da República Federativa do Brasil de 1988 significa "usuário" ou também abrange o "não usuário" do serviço público? Por que o Supremo Tribunal Federal entendia que a responsabilidade das pessoas jurídicas de direito privado prestadoras de serviço público era subjetiva em relação aos danos causados ao não usuário do serviço público?

A relevância jurídica é evidente, haja vista os reflexos da interpretação dada pelo Supremo Tribunal Federal à locução "terceiro" existente na redação do § 6º do art. 37 da Constituição da República Federativa do Brasil de 1988. Assim, o Supremo Tribunal Federal, ao entender que o vocábulo "terceiro" alcança os usuários e os não usuários, admitiu a responsabilidade objetiva das pessoas jurídicas de direito privado prestadoras de serviço público perante o terceiro que não se utiliza desse serviço.

Outrossim, a relevância pode ser observada na seara social, pois o assunto envolve diretamente o administrado. Nota-se, portanto, que o Estado, ao exercer sua atividade administrativa de prestar serviço seja por si ou por meio de pessoa jurídica de direito privado, não deve atentar-se somente ao usuário, mas também àquele que não o usufrui. A interpretação de que a locução "terceiro" abrange usuários e não usuários do serviço público implica diretamente na sociedade, sobretudo porque gera automaticamente — ou, ao menos, deveria gerar — um maior senso de qualidade e acuidade na prestação do serviço público, o que a todos beneficiará. Doutra banda, o administrado não usuário do serviço que for lesado não mais necessitará provar a culpa do prestador do serviço diante da responsabilidade objetiva. A repercussão social é evidente. Logo, o estudo do tema é importante para toda a sociedade, já que está organizada com base na figura do Estado, encarregado de manter a convivência harmoniosa entre seus membros.

Enfim, a discussão concernente à responsabilidade civil das pessoas jurídicas de direito privado prestadoras de serviço público relativamente ao terceiro não usuário desse serviço é de eminente relevância ao saber jurídico, uma vez que importa a todo aplicador do Direito, confundindo-se com a importância social, pois também interessa à sociedade como um todo e ao Estado que deve zelar por sua harmonia na busca do bem comum. A questão é da maior seriedade e é merecedora de minuciosa análise. Afinal, sempre que uma ideia se incorpora ao campo teórico do Direito, cujos reflexos venham a interferir diretamente sobre os direitos do cidadão, é preciso estudá-la mais profundamente.

Delimitando-se, pois, o tema, tem-se que a pesquisa versa sobre a responsabilidade civil das pessoas jurídicas de direito privado prestadoras de serviço público em relação ao terceiro não usuário desse serviço no direito brasileiro, contemplando-se, inclusive, aspectos gerais sobre os serviços públicos e a responsabilidade civil do Estado. A abordagem leva em conta a legislação, a doutrina e a jurisprudência, com o exame da mudança de entendimento do Supremo Tribunal Federal.

Destarte, tem-se como objetivo geral a verificação da orientação do ordenamento jurídico brasileiro quanto à responsabilidade civil das pessoas jurídicas de direito privado prestadoras de serviço público relativamente ao terceiro não usuário do serviço, analisando-se a mudança de entendimento do Supremo Tribunal Federal e o alcance da palavra "terceiro" constante no § 6º do art. 37 da Constituição da República Federativa do Brasil de 1988.

Outrossim, de maneira específica, convém ressaltar que a presente pesquisa pretende apontar e debater o conceito de serviço público e elencar a sua classificação, bem como estabelecer a diferenciação entre titularidade do serviço e titularidade da prestação, além de tecer considerações sobre concessionárias e permissionárias.

Tenciona também expor o conceito de responsabilidade extracontratual no âmbito da prestação do serviço público, apresentar a sua evolução, verificar a disciplina legal existente no Brasil e a teoria atualmente adotada a respeito, bem como analisar os requisitos para a responsabilização e as causas excludentes.

Além disso, almeja identificar os posicionamentos existentes sobre a responsabilidade civil pelos danos causados ao terceiro usuário e não usuário do serviço público prestado por pessoa jurídica de direito privado — não se olvidando da relação com o Estado —, bem como salientar a mudança de entendimento do Supremo Tribunal Federal que exsurgiu com o Recurso Extraordinário (RE) 591.874, examinando o alcance da palavra "terceiro" constante no § 6º do art. 37 da Constituição da República Federativa do Brasil de 1988 e apontando a importância prática e a repercussão social e jurídica relativas à resolução dos conflitos.

A vertente obra encontra-se dividida em três partes que acompanham, dentro do possível, os aspectos mais marcantes referentes ao tema proposto.

Constatar-se-á que a primeira parte é destinada à conceituação de serviço público, bem como à sua classificação de acordo com diversos autores. Travar--se-á, em seguida, a distinção entre a titularidade do serviço e a titularidade da sua prestação. Outrossim, serão tecidas algumas considerações específicas sobre as concessionárias e as permissionárias.

A segunda parte é dedicada à responsabilidade civil na prestação do serviço público. Destarte, notar-se-á, primeiramente, a conceituação da responsabilidade civil, bem como a sua evolução, pertinente ao Estado, ao longo da história. Em seguida, avaliar-se-á a disciplina legal dada no Brasil a respeito da responsabilidade civil do Estado e enfocar-se-ão os requisitos e as causas excludentes dessa responsabilização.

A última parte, qual seja, a terceira, contempla a questão da responsabilidade civil das pessoas jurídicas de direito privado prestadoras de serviços públicos. Assim, observar-se-ão, inicialmente, considerações acerca da responsabilidade civil das delegatárias perante o usuário do serviço por elas prestado, bem como a relação com o Estado. Ato contínuo, tratar-se-á da responsabilidade civil das concessionárias e permissionárias especificamente no que tange ao não usuário do serviço público por elas prestado, examinando-se a mudança de entendimento do Supremo Tribunal Federal e o alcance do vocábulo "terceiro" contido no texto do § 6º do art. 37 da Constituição da República Federativa do Brasil de 1988, bem como apontando-se problemáticas e reflexões pertinentes.

Nas considerações finais, poder-se-á encontrar uma breve resenha do tema investigado, para destacar os resultados decorrentes da pesquisa em tela.

A presente obra foi dinamizada a partir de métodos e técnicas específicas a fim de que se pudesse obter um resultado positivo, como fruto da produção desta.

Explicitando os métodos e as técnicas a serem utilizadas, tem-se que, no tocante ao método, a pesquisa será desenvolvida a partir de uma estrutura indutiva. O método indutivo tem como característica "pesquisar e identificar as partes de um fenômeno e colecioná-las de modo a ter uma percepção ou conclusão geral [...]".[2] Constatar-se-á tal método na medida em que se observa a proposta da pesquisa, ou seja, partir-se-á de noções gerais relativas ao serviço público e à responsabilidade extracontratual do Estado para, ao final, analisar a mudança de orientação do Supremo Tribunal Federal sobre a responsabilidade civil das pessoas jurídicas de direito privado prestadoras de serviço público quanto aos danos ocasionados ao terceiro não usuário desse serviço, examinando-se o alcance da palavra "terceiro" constante no § 6º do art. 37 da Constituição da República Federativa do Brasil de 1988. Outrossim, o método histórico-evolutivo será utilizado na medida em que se traçará um breve perfil histórico da responsabilidade civil do Estado no segundo capítulo.

Esclarecendo que a "técnica é um conjunto diferenciado de informações reunidas e acionadas em forma instrumental para realizar operações intelectuais ou físicas, sob o comando de uma ou mais bases lógicas investigatórias",[3] admitir-se-á que, em aspectos gerais, a pesquisa é bibliográfica, porém, conjugada com outras técnicas, sejam estas: conceitos operacionais, leituras com referencial expressamente definido e fichamentos. Foram consultados, portanto, livros, revistas, *sites* da internet, julgados do Supremo Tribunal Federal e de outros tribunais (Superior Tribunal de Justiça, Tribunal de Justiça do Estado de Santa Catarina, Tribunal de Justiça do Estado do Rio Grande do Sul), além de serem analisados os dispositivos legais referentes ao tema. Trata-se, portanto, de uma pesquisa qualitativa.

Como observações finais, esclarece-se que a pesquisa enfocou as concessionárias e as permissionárias, o que não significa que inexistam outras pessoas jurídicas de direito privado que prestem serviços públicos, a exemplo das autorizatárias. Assim, quando houver a expressão "pessoa jurídica de direito privado prestadora de serviço público" ou a locução "delegatária", deve-se compreendê-las pelo foco dado ao trabalho, ou seja, deve-se endendê-las como concessionárias e delegatárias.

---

(2) PASOLD, Cesar Luiz. *Prática da pesquisa jurídica*: ideias e fundamentos úteis para o pesquisador do direito. Florianópolis: OAB/SC Editora, 1999. p. 83.
(3) PASOLD, 1999. p. 84.

2
SERVIÇO PÚBLICO

A abordagem do serviço público remete ao plano de concepção do Estado acerca do seu papel na sociedade. Nesse contexto, o Estado é a ordem jurídica soberana cujo objetivo é o bem comum de um povo de determinado território.[4]

Para a materialização do bem comum, o Estado se utiliza, em sua atividade administrativa, do serviço público, o qual, por representar a base dessa construção teórica, exige um estudo acurado sobre seus aspectos conceituais e classificatórios, bem como sobre a titularidade do serviço e da sua prestação, além da análise acerca da sua delegação a concessionárias e permissionárias.

2.1. Conceituação e Classificação

A Constituição da República Federativa do Brasil de 1988 prevê que a prestação dos serviços públicos é incumbência do Poder Público. É o que dispõe o *caput* de seu art. 175: "Incumbe ao Poder Público, na forma da lei, diretamente ou sob regime de concessão ou permissão, sempre através de licitação, a prestação de serviços públicos".[5]

Com efeito, o Estado é uma criação do homem para organizar e disciplinar a vida em sociedade. Logo, uma de suas tarefas é proporcionar comodidade ou utilidade aos administrados, o que pode ser feito por meio da prestação de serviços públicos.

Destarte, é conveniente o estudo da sua conceituação e classificação.

2.1.1. Conceituação

É oportuno salientar que a expressão "serviço público" é empregada em diversos sentidos, o que importa em uma ampla noção terminológica segundo os diferentes elementos dessa atividade estatal que forem considerados para a

---

(4) DALLARI, 1995. p. 101.
(5) BRASIL. Constituição da República Federativa do Brasil, de 5 de outubro de 1988. Disponível em: <http://www.planalto.gov.br/legislacao/Constituicao/Constituicao.htm>. Acesso em: 05 maio 2010.

sua identificação. Odete Medauar ensina que, muitas vezes, o termo "serviço público" é utilizado em sentido tão amplo que englobaria toda e qualquer atividade da Administração Pública, desde uma carimbada em um requerimento até o transporte coletivo, o que não seria a acepção adequada. Afirma ainda que, nesse amplo sentido, são abrangidas as atividades dos Poderes Legislativo e Judiciário, o que faz a expressão perder o sentido técnico. Por fim, esclarece que, como capítulo do direito administrativo, serviço público é a atividade efetuada na seara das atribuições da Administração, inserida no Poder Executivo, referindo-se à prestação de algo necessário à vida coletiva, a exemplo de transporte urbano, água e energia elétrica.[6] É sob esse último enfoque que o serviço público é tratado neste trabalho.

Assim, da doutrina tradicional, salienta-se Hely Lopes Meirelles, para o qual serviço público "é todo aquele prestado pela Administração ou por seus delegados, sob normas e controles estatais, para satisfazer necessidades essenciais ou secundárias da coletividade ou simples conveniências do Estado".[7] Seguindo a mesma linha de raciocínio, porém, sem indicar o motivo de conveniência estatal, José dos Santos Carvalho Filho conceitua o serviço público como *"toda atividade prestada pelo Estado ou por seus delegados, basicamente sob regime de direito público, com vistas à satisfação de necessidades essenciais e secundárias da coletividade* [grifos no original]".[8]

Para Celso Antônio Bandeira de Mello, serviço público é

> toda atividade de oferecimento de utilidade ou comodidade material destinada à satisfação da coletividade em geral, mas fruível singularmente pelos administrados, que o Estado assume como pertinente a seus deveres e presta por si mesmo ou por quem lhe faça as vezes, sob um regime de Direito Público — portanto, consagrador de prerrogativas de supremacia e de restrições especiais — instituído em favor dos interesses definidos como públicos no sistema normativo.[9]

Maria Sylvia Zanella de Pietro, por sua vez, define o serviço público como "toda atividade material que a lei atribui ao Estado para que a exerça diretamente ou por meio de seus delegados, com o objetivo de satisfazer concretamente às necessidades coletivas, sob regime jurídico total ou parcialmente público".[10]

---

(6) MEDAUAR, Odete. *Direito administrativo moderno.* 12. ed. rev. e atual. São Paulo: Revista dos Tribunais, 2008. p. 313.
(7) MEIRELLES, Hely Lopes. *Direito administrativo brasileiro.* 26. ed. atual. São Paulo: Malheiros, 2001. p. 311.
(8) CARVALHO FILHO, José dos Santos. *Manual de direito administrativo.* 17. ed. rev., ampl. e atual. até 05.01.2007. Rio de Janeiro: Lumen Juris, 2007. p. 281.
(9) MELLO, Celso Antônio Bandeira de. *Curso de direito administrativo.* 26. ed., rev. e atual. até a EC n. 57, de 18.12.2008. São Paulo: Malheiros, 2009. p. 665.
(10) PIETRO, Maria Sylvia Zanella di. *Direito administrativo.* 19. ed. São Paulo: Atlas, 2006. p. 114.

Sem mencionar o regime jurídico, Lucas Rocha Furtado conceitua o serviço público como "*a atividade de satisfação das necessidades da população, desenvolvida pelo Estado ou por particulares, por meio da qual são postas utilidades ou comodidades à disposição da coletividade* [grifo no original]".[11]

Nesses conceitos, nota-se, pois, que o serviço público admite delegação, ou seja, a Administração pode transferir a titularidade da sua prestação.

Embora não mencione na definição a possibilidade da delegação, Marçal Justen Filho aprofunda a qualificação das necessidades e, por conseguinte, dos destinatários do serviço público ao defini-lo como

> uma atividade pública administrativa de satisfação concreta de necessidades individuais ou transindividuais, materiais ou imateriais, vinculadas diretamente a um direito fundamental, destinada a pessoas indeterminadas, qualificada legislativamente e executada sob regime de direito público.[12]

Inferem-se, superficialmente, três pontos de convergência entre as conceituações apresentadas: atividade estatal (atividade prestada pelo Estado ou seus delegados), necessidades da coletividade e regime de direito público (total ou parcialmente).

Não obstante, as nuances diferenciais permitem constatar a dificuldade de conceituar precisamente o serviço público, como anotou Volnei Ivo Carlin ao sublinhar que não se cuida de noção estática, mas que se modifica com o passar dos tempos e conforme as necessidades sociais.[13]

Por isso, na tentativa de agrupar os diversos serviços públicos pelas semelhanças e diferenças, a doutrina apresenta várias classificações, o que se passa a averiguar.

2.1.2. Classificação

Diante das inúmeras classificações existentes, foram selecionadas algumas para conhecimento e visualização da amplitude, sem, entretanto, expor fundamentos classificatórios que se repitam.

Hely Lopes Meirelles traz a seguinte classificação:

> a) **Quanto à essencialidade:** a.1) serviços públicos (propriamente ditos, são essenciais e necessários para a sobrevivência da sociedade

---

(11) FURTADO, Lucas Rocha. *Curso de direito administrativo*. Belo Horizonte: Fórum, 2007. p. 716.
(12) JUSTEN FILHO, Marçal. *Curso de direito administrativo*. 3. ed. São Paulo: Saraiva, 2008. p. 566.
(13) CARLIN, Volnei Ivo. *Manual de direito administrativo*: doutrina e jurisprudência. 4. ed. rev., atual. e ampl. Florianópolis: Conceito Editorial, 2007. p. 208.

e do próprio Estado, só podendo ser prestados pela Administração Pública. Exemplos: defesa nacional, polícia, preservação da saúde pública); **a.2) serviços de utilidade pública** (não são necessários nem essenciais, mas facilitam a vida do indivíduo na coletividade, podendo ser prestados por terceiros, mediante remuneração dos usuários. Exemplos: transporte coletivo, energia elétrica, gás, telefone).

b) Quanto à adequação: b.1) serviços próprios do Estado (estão relacionados intimamente com as atribuições estatais e cuja execução se valha da supremacia da Administração sobre os administrados; são gratuitos ou de baixa remuneração. Exemplos: segurança, polícia, higiene e saúde públicas); **b.2) serviços impróprios do Estado** (não afetam substancialmente as necessidades sociais, mas satisfazem interesses comuns de seus membros, podendo ser delegados; há remuneração).

c) Quanto à finalidade: c.1) serviços administrativos (executados pela Administração para atender suas necessidades internas ou para preparar outros serviços que serão prestados ao público. Exemplos: imprensa oficial, estações experimentais); **c.2) serviços industriais** (produzem renda para o prestador mediante tarifa ou preço público fixados pelo Poder Público).

d) Quanto aos destinatários: d.1) serviços *uti universi* ou gerais (não possuem usuários determinados, pois atendem a coletividade no seu todo. Exemplos: polícia, iluminação pública, calçamento); **d.2) serviços *uti singuli* ou individuais** (possuem destinatários determinados e utilização particular e mensurável para cada um. Exemplo: água, telefone, energia elétrica domiciliar).[14]

Marcelo Alexandrino e Vicente Paulo classificam os serviços públicos de forma semelhante: **a) gerais e individuais**; **b) delegáveis e indelegáveis** (os primeiros podem ser prestados pelo Estado — centralizadamente ou por meio das entidades da administração pública indireta — ou por particulares; os segundos somente podem ser prestados pelo Estado, centralizadamente ou pelas pessoas de direito público integrantes da administração indireta); **c) administrativos, sociais e econômicos** (os primeiros são as atividades internas da administração pública; os segundos correspondem às atividades relativas ao art. 6º da Constituição da República Federativa do Brasil de 1988; os terceiros também são chamados de comerciais ou industriais e concernem às atividades previstas no art. 175 da Constituição da República Federativa do Brasil de 1988, as quais podem ser exploradas com intuito de lucro); **d) próprios e impróprios**

---

(14) MEIRELLES, 2001. p. 312-315.

(os primeiros são atividades que representam comodidade material para a população prestadas pelo Estado ou particulares em delegação; os segundos são atividades de natureza social executadas por particulares em delegação).[15]

Praticamente na mesma linha, traz-se a classificação de José dos Santos Carvalho Filho: a) **serviços delegáveis e indelegáveis**; b) **serviços administrativos e de utilidade pública** (os primeiros são executados pelo Estado para melhorar sua organização; os segundos se destinam diretamente aos indivíduos); c) **serviços coletivos e singulares**; d) **serviços sociais e econômicos** (os primeiros referem-se aos reclamos sociais básicos e proporcionam comodidade ou serviços assistenciais e protetivos; os segundos têm caráter mais industrial ou comercial e têm a possibilidade de lucro).[16]

Maria Sylvia Zanella di Pietro, por sua vez, aponta os seguintes:

a) serviços públicos próprios e impróprios;

b) quanto ao objeto: b.1) administrativos; b.2) comerciais ou industriais; b.3) sociais;

c) quanto à maneira como concorrem para satisfazer ao interesse geral: c.1) *uti singuli*; c.2) *uti universi*;

d) quanto à essencialidade ou faculdade da atividade: d.1) originários ou congênitos (são as atividades essenciais do Estado); d.2) derivados ou adquiridos (são as atividades facultativas relativas à atividade social, comercial e industrial do Estado). A autora afirma que é classificação trazida por Caio Tácito e que, na classificação de Hely Lopes Meirelles, corresponde a serviços públicos e de utilidade pública.

e) quanto à exclusividade ou não do Poder Público na prestação do serviço: e.1) exclusivos (são serviços exclusivos do Estado, tais como os serviços postal e de telecomunicações); e.2) não exclusivos (são aqueles que podem ser prestados pelo Estado ou particulares, a exemplo da saúde, previdência social e educação).[17]

Lucas Rocha Furtado, porém, considera os seguintes critérios como os mais importantes:

a) **Quanto ao destinatário**: a.1) serviços *uti universi* ou gerais; a.2) serviços *uti singuli* ou individuais;

b) **Quanto à titularidade**: b.1) **serviços federais** (são de competência da União, previstos no art. 21 da Constituição da República Federa-

---

(15) ALEXANDRINO, Marcelo; PAULO, Vicente. *Direito administrativo descomplicado*. 17. ed. rev., atual. e ampl. São Paulo: Método, 2009. p. 622-625.
(16) CARVALHO FILHO, 2007. p. 282-284.
(17) PIETRO, 2006. p. 120-124.

tiva do Brasil de 1988, bem como em seu art. 23 que estabelece as competências comuns da União, dos Estados e dos Municípios); **b.2) serviços estaduais** (são de competência dos Estados, previstos no art. 25, § 1º e § 2º, da Constituição da República Federativa do Brasil de 1988, além do já mencionado art. 23); **b.3) serviços municipais** (são de competência dos Municípios, previstos nos art. 30, V, VI, VII e IX, da Constituição da República Federativa do Brasil de 1988, bem como no art. 23 já referido). O Distrito Federal possui as competências reservadas aos Estados e Municípios, a teor do previsto no art. 32, § 1º, da Constituição da República Federativa do Brasil de 1988. Outrossim, as hipóteses constitucionalmente mencionadas não são taxativas.

c) Quanto à forma de prestação: c.1) serviços centralizados (são prestados pela própria entidade política); **c.2) serviços descentralizados** (são prestados por entidades administrativas, como autarquias, fundações públicas ou empresas públicas, às quais é outorgada a prestação e, em algum casos, a própria titularidade do serviço).

d) Quanto à gestão da prestação: d.1) gestão direta (quando a entidade incumbida da prestação do serviço pode se utilizar de seus próprios meios, tais como pessoal, material, equipamentos); **d.2) gestão indireta** (quando a entidade incumbida da prestação do serviço pode contratar empresa para proceder à prestação).[18]

Observa-se, pois, a existência de diversos critérios de classificação dos serviços públicos que, sem assomo de dúvidas, não se esgotam nos ora apresentados. A exposição de algumas das diferentes linhas classificatórias mostra-se proveitosa para indicar os variados aspectos do serviço público (finalidade, objeto, destinatário etc.), desvelando, inclusive, a possibilidade de sua prestação por particulares em colaboração com o Estado. Trata-se, aqui, da delegação da prestação do serviço público, o que remete ao estudo específico da sua titularidade.

2.2. Titularidade do Serviço e Titularidade da Prestação

Conforme exposto em linhas transatas, por força constitucional o Poder Público é o titular do serviço público. Contudo, isso não significa que também seja, necessariamente, titular da prestação desse serviço. A titularidade do serviço e da sua prestação são realidades diversas, não podendo ser consideradas expressões equivalentes.

A titularidade do serviço público diz respeito ao sujeito a quem a Lei Maior atribuiu o respectivo poder-dever de comando e controle, ao passo que a

---

(18) FURTADO, 2007. p. 722-727.

titularidade da prestação concerne ao responsável pela sua efetiva execução. É o que se dessome da lição de Celso Antônio Bandeira de Mello:

> O fato de o Estado (União, Estados, Distrito Federal e Municípios) ser titular de serviços públicos, ou seja, de ser o sujeito que detém "senhoria" sobre eles (a qual, de resto, é, antes de tudo, um dever em relação aos serviços que a Constituição ou as leis puseram ou venham a por seu cargo) não significa que deva obrigatoriamente *prestá-los* por si ou por criatura sua quando detenha titularidade exclusiva do serviço.
>
> Na esmagadora maioria dos casos estará apenas obrigado a discipliná-los e a *promover-lhes* a prestação.
>
> Assim, tanto poderá prestá-los por si mesmo como poderá *promover-lhes* a prestação *conferindo a entidades estranhas ao seu aparelho administrativo* (particulares e outras pessoas de direito público interno ou da administração indireta delas) titulação para que os desempenhem, isto é, para que os prestem segundo os termos e condições que fixe e, ainda assim, enquanto o interesse público aconselhar tal solução [...] [grifo no original].[19]

Dessa feita, o Estado não é o titular exclusivo dos serviços públicos. Estes, por sua vez, podem ser desempenhados por pessoas estranhas aos quadros funcionais da Administração Pública, as quais passam a ser as titulares da sua prestação.

Observa-se, pois, que esses aspectos distintos da titularidade são, na verdade, duas vertentes da mesma raiz na medida em que a figura estatal sempre se imporá no contexto dos serviços públicos, seja para lhes dar efetiva execução, seja para discipliná-los e conferir a terceiros o seu desempenho. Revela-se importante, portanto, expor em separado algumas considerações específicas sobre a titularidade dos serviços públicos e da sua prestação, a fim de sedimentar as diferenças desses pilares da atividade administrativa.

No que diz respeito à titularidade dos serviços públicos, registra-se ser esta atribuída com exclusividade ao Poder Público como consectário lógico da soberania do poder do Estado e do primado da lei enquanto expressão da vontade geral. Marçal Justen Filho explica exatamente que a titularidade estatal do serviço se justifica pelo monopólio do Estado, frisando:

> Segundo os conceitos clássicos do direito administrativo, o serviço público é de titularidade do Estado, ainda que a gestão possa ser

---

(19) MELLO, Celso Antônio Bandeira de. *Grandes temas de direito administrativo*. São Paulo: Malheiros, 2009. p. 285.

atribuída a particulares. Não se aplicam os princípios de livre-iniciativa (*sic*), uma vez que a prestação do serviço público incumbe ao Estado. Nem se poderia cogitar de livre concorrência, pois a titularidade estatal se retrata no monopólio estatal. O fundamento constitucional dessa disciplina se encontra no art. 175.[20]

Lucas Rocha Furtado lembra que, historicamente, é dominante a concepção que considera público o serviço pelo fato de o Estado ser o seu titular. Adverte, porém, estar tal teoria sujeita a críticas que apontam duas rupturas: a primeira delas, ocorrida quando o próprio Estado delega a particulares a prestação de alguns serviços públicos, não obstante permanecer resguardada a sua titularidade; a segunda põe em cheque a noção de exclusividade na titularidade estatal. O jurista explica essa última ruptura citando como exemplo os serviços na área da saúde, os quais, por previsão constitucional, devem ser prestados pela União, Estados, Municípios e Distrito Federal por meio de um sistema único, ao passo que a própria Carta Magna também autoriza a iniciativa privada na assistência à saúde.[21]

Vislumbra-se, portanto, que a crítica no primeiro aspecto contrapõe duas verdades: o Estado como titular exclusivo dos serviços públicos e a prestação desses serviços por particulares, resguardando-se a titularidade estatal. No segundo ponto, busca-se derribar o entendimento que particulares somente podem prestar serviços públicos quando houver delegação pelo Estado, situação esta que não verifica no caso de assistência à saúde. Com efeito, não há impedimento para que particulares executem, por exemplo, serviços atrelados à saúde e à educação, considerados públicos por excelência, já que envolve direitos sociais previstos no art. 6º da Constituição da República Federativa do Brasil de 1988. Enfim, a partir da polêmica apresentada, acentua-se em linhas derradeiras:

> Essa discussão, ainda não resolvida, demonstra que a concepção subjetiva do serviço público, ainda que sujeita a críticas, pode contribuir para a definição dos elementos que irão caracterizar o serviço público.
>
> Ademais, as atividades aqui utilizadas para exemplo (saúde e educação) servem para demonstrar a dificuldade de distinguir, ao menos em alguns setores, atividade pública delegada das atividades privadas reguladas.[22]

Dessarte, sem olvidar dessa polêmica que desponta da doutrina, volta-se o foco à orientação quanto à titularidade estatal dos serviços públicos. Na verdade, consoante anota Celso Antônio Bandeira de Mello, "Em princípio, poder-se-ia pensar que o titular *exclusivo* dos serviços seria o Estado. Nem sempre, porém,

---

(20) JUSTEN FILHO, 2008. p. 576-577.
(21) FURTADO, 2007. p. 707.
(22) FURTADO, 2007. p. 709.

é assim [...]. Há certos serviços que serão públicos quando prestados pelo Estado, mas que concernem a atividades em relação às quais não pretendeu deter exclusividade".[23]

É relevante lembrar que, na qualidade de senhorio desses serviços, o Estado compreende todas as entidades federativas. Parafraseando Elias Freire, tem-se que as unidades da Federação são consideradas na repartição de competências e, nesta ótica federativa, reputam-se os serviços federais, estaduais, distritais e municipais.[24] A propósito, José dos Santos Carvalho Filho complementa:

> A vigente Constituição adotou, desta feita, o sistema de apontar expressamente alguns serviços como sendo comuns a todas as pessoas federativas, continuando, porém, a haver algumas situadas na competência privativa de algumas esferas.
>
> Desse modo, [...] podemos defrontar-nos com *serviços comuns* e *serviços privativos*. *Serviços privativos* são aqueles atribuídos a apenas uma das esferas da federação. Como exemplo, temos a emissão de moeda, serviço postal e polícia marítima e aérea, privativos da União (art. 21, VII, X e XXII, CF); o serviço de distribuição de gás canalizado, privativo dos Estados (art. 25, § 2º, CF); a arrecadação de tributos municipais e o transporte coletivo intramunicipal, conferidos aos Municípios (art. 30, III e V, CF). [...]
>
> *Serviços comuns*, ao contrário, são os que podem ser prestados por pessoas de mais de uma esfera federativa. A Constituição enumerou vários serviços comuns no art. 23, referindo expressamente a competência da União, Estados, Distrito Federal e Municípios. Entre eles estão os serviços de saúde pública (inc. II); promoção de programas de construção de moradias (inc. IX); proteção do meio ambiente e preservação das florestas, fauna e flora (incs. VI e VII), entre outros. [grifos no original][25]

A classificação exposta abre caminho ao estudo específico da titularidade da prestação de serviços públicos, na medida em que tais entes federados nem sempre os executam diretamente. Acerca do assunto, Marcelo Alexandrino e Vicente Paulo destacam que os serviços podem ser prestados **centralizadamente**, ou seja, pela própria administração direta, ou **descentralizadamente**, pelas entidades da administração indireta. Frisam, ainda, existir a alternativa de os serviços públicos serem delegados a particulares, situação que se enquadra na modalidade descentralizada, cuja prestação ocorre de forma indireta.[26]

---

(23) MELLO, 2009. p. 675.
(24) FREIRE, Elias Sampaio. *Direito administrativo*: teoria, jurisprudência e 1000 questões. 7. ed. Rio de Janeiro: Elsevier, 2007. p. 224.
(25) CARVALHO FILHO, 2007. p. 285.
(26) ALEXANDRINO; PAULO, 2009. p. 630.

Mostra-se clara, portanto, a possibilidade de os serviços públicos serem prestados por pessoas diversas dos entes federados aos quais a Constituição da República Federativa do Brasil de 1988 atribuiu a sua titularidade. Trata-se, aqui, da prestação descentralizada.

Nesse cenário, "É importante não confundir a descentralização com a desconcentração. Aquela implica a transferência do serviço para outra entidade. A desconcentração é processo eminentemente interno, significa apenas a substituição de um órgão por dois ou mais [...]".[27]

Hely Lopes Meirelles assinala que é a partir da descentralização dos serviços públicos que o Estado transfere a outras pessoas a titularidade do serviço ou da sua prestação:

> **Serviço descentralizado** — É todo aquele em que o Poder Público transfere sua titularidade ou, simplesmente, sua execução, por *outorga* ou *delegação*, a autarquias, fundações, empresas estatais, empresas privadas ou particulares individualmente.
>
> Há *outorga* quando o Estado cria uma entidade e a ela transfere, *por lei*, determinado serviço público ou de utilidade pública.
>
> Há *delegação* quando o Estado transfere, *por contrato* (concessão) ou *ato unilateral* (permissão ou autorização), unicamente a execução do serviço, para que o delegado o preste ao público em seu nome e por sua conta e risco, nas condições regulamentares e sob controle estatal.[28] [grifo no original]

Tendo em vista que esse trabalho é voltado para as pessoas jurídicas de direito privado prestadoras de serviços públicos, ganha relevo a delegação, pois é por meio desse ato que tais pessoas executam/exploram o serviço de titularidade estatal. Assim, especificamente sobre a delegação, anota-se:

> Delegação é o ato administrativo pelo qual a Administração transfere transitoriamente a particular o exercício do direito à exploração de serviço público. O poder público trespassa apenas o exercício da atividade, mantendo sua titularidade. Tal aspecto já prenuncia seu regime jurídico. O Estado nunca aliena os interesses públicos: admite-se apenas que transfira, temporariamente, o exercício das competências voltadas à sua implementação, sem abrir mão delas.[29]

Diante de todo o explanado, constata-se que a titularidade dos serviços públicos não é exclusiva do Estado e que a titularidade de sua prestação pode

---

(27) SANTOS, Márcia Walquiria Batista dos; QUEIROZ, João Eduardo Lopes. *Direito administrativo*. Rio de Janeiro: Elsevier, 2008. Série Direito ponto a ponto. t. I. p. 223.
(28) MEIRELLES, 2001. p. 322.
(29) SUNFELD *apud* SANTOS; QUEIROZ, 2008. p. 227.

ser transferida. Nesse último quadro, tem-se caracterizada a descentralização dos serviços. E nesse âmbito, por meio da delegação, notadamente via concessão ou permissão, é que se viabiliza a execução dos serviços públicos por pessoas jurídicas de direito privado, ponto central do presente trabalho. Por conta disso, dada a importância da questão, esta é merecedora de um estudo mais aprofundado em subcapítulo próprio.

2.3. Concessionárias e Permissionárias

É cediço que a concessão e a permissão são modalidades de prestação de serviços públicos delegada, haja vista ter o Estado transferido a sua execução a particulares que, por sua vez, se submetem ao controle e à regulamentação estatal. Assim, as pessoas jurídicas de direito privado prestadoras de serviços públicos, nessas condições, são chamadas, respectivamente, de concessionárias e permissionárias.

Hely Lopes Meirelles lembra que, além da concessão e da permissão, a delegação é mais ampla por abranger também a autorização de serviços públicos. Esclarece o jurista que os serviços autorizados são de caráter excepcional, compreendendo aqueles em que o Poder Público, por ato unilateral, consente a execução por particular a fim de atender a interesses coletivos instáveis ou diante de emergência transitória, a exemplo de serviços de guarda particular, pavimentação de ruas por moradores, dentre outros. E conclui, frisando que as prerrogativas das atividades públicas não se estendem aos serviços autorizados, cuja relação com o usuário será sempre de direito privado, isto é, sem participação ou responsabilidade do Poder Público.[30]

Destarte, em razão das características que são próprias da autorização, principalmente o seu caráter excepcional, o vínculo de direito privado e a responsabilidade exclusiva do particular, é que neste trabalho ater-se-á ao estudo da concessão e da permissão. Afinal, está em foco a responsabilidade civil das pessoas jurídicas de direito privado prestadoras de serviços públicos ante a nova interpretação do art. 37, § 6º, da Constituição da República Federativa do Brasil de 1988, pelo Supremo Tribunal Federal em relação ao terceiro não usuário desses serviços, o que remete à detida análise dessas duas modalidades de prestação de serviços públicos delegada.

De início, é mister registrar a abordagem legal que lhes é inerente:

O art. 22, XXVII, da Constituição da República confere à União competência legislativa para a edição de normas gerais [...] sobre licitações e contratos, em todas as modalidades.

O parágrafo único do art. 175 da Carta de 1988 prevê a edição de lei que disponha sobre o regime jurídico das concessões e permissões de serviços públicos, as condições de caducidade,

---

(30) MEIRELLES, 2001. p. 358, 375 e 376.

fiscalização e extinção dos respectivos contratos, a obrigação de manter serviço adequado, os direitos dos usuários e a política tarifária.

Respaldada nos dispositivos constitucionais mencionados, a União editou a Lei n. 8.987/1995. Essa é a nossa lei de normas gerais sobre os regimes de **concessão** e de **permissão de serviços públicos**. Trata-se de uma lei de caráter nacional, ou seja, aplicável à União, aos Estados, ao Distrito Federal e aos Municípios [grifo no original].[31]

José dos Santos Carvalho Filho, ao discorrer sobre a classificação das concessões, destaca a existência de concessões especiais reguladas por legislação própria (Lei n. 11.079/2004[32]), as quais, por força do objetivo delimitado neste trabalho, não serão objeto de análise mais aprofundada. Nesse diapasão, expõe:

> A classificação básica divide as concessões de serviços públicos em duas categorias: 1ª) **concessões comuns**; 2ª) **concessões especiais**.
>
> As **concessões comuns** são reguladas pela Lei n. 8.987, de 13.2.95, e comportam duas modalidades: 1ª) **concessões de serviços públicos simples**; 2ª) **concessões de serviços públicos precedidas da execução de obra pública**. Sua característica consiste no fato de que o poder concedente não oferece qualquer contrapartida pecuniária ao concessionário; todos os recursos provêm das tarifas pagas pelos usuários.
>
> De outro lado, as **concessões especiais** são reguladas pela Lei n. 11.079, de 30.12.2004, e também se subdividem em duas categorias: 1ª) **concessões patrocinadas**; 2ª) **concessões administrativas**. As concessões especiais são caracterizadas pela circunstância de que o concessionário recebe determinada contraprestação pecuniária do concedente. Incide sobre elas o regime jurídico atualmente denominado de "**parcerias público-privadas**" [grifo no original].[33]

Observa-se que a Lei n. 8.987/1995 apresenta normas gerais sobre as concessões e as permissões, muito embora se refira quase que integralmente às primeiras. Nas palavras de Hely Lopes Meirelles, acrescenta-se prever a referida legislação que "sejam aplicados às permissões os preceitos referentes às concessões (art. 40, parágrafo único). Claro está que esta aplicação far-se-á apenas no que couber, visto que são figuras administrativas assemelhadas mas distintas, não podendo ser totalmente equiparadas".[34]

Essa distinção entre ambas resulta evidente frente ao disposto no art. 2º da Lei n. 8.987/1995, que reza:

---

(31) ALEXANDRINO; PAULO, 2009. p. 636.
(32) BRASIL. Lei n. 11.079, de 30 de dezembro de 2004. Institui normas gerais para licitação e contratação de parceria público-privada no âmbito da administração pública. Disponível em: <http://www.planalto.gov.br/ccivil_03/_Ato2004-2006/2004/Lei/L11079.htm>. Acesso em: 05 maio 2010.
(33) CARVALHO FILHO, 2007. p. 315-316.
(34) MEIRELLES, 2001. p. 375.

Art. 2º Para os fins do disposto nesta Lei, considera-se:

[...]

II — concessão de serviço público: a delegação de sua prestação, feita pelo poder concedente, mediante licitação, na modalidade de concorrência, à pessoa jurídica ou consórcio de empresas que demonstre capacidade para seu desempenho, por sua conta e risco e por prazo determinado;

[...]

IV — permissão de serviço público: a delegação, a título precário, mediante licitação, da prestação de serviços públicos, feita pelo poder concedente à pessoa física ou jurídica que demonstre capacidade para seu desempenho, por sua conta e risco.[35]

A partir da redação do dispositivo legal transcrito, é possível notar, além de traços distintivos, algumas de suas características. Em paráfrase à lição de Marcelo Alexandrino e Vicente Paulo, traz-se a lume os principais aspectos da permissão e da concessão conforme a Lei n. 8.987/1995. Neste passo, em relação à **permissão**, salienta-se: a) é a delegação da prestação do serviço público, permanecendo a titularidade com o poder público; b) a prestação do serviço é por conta e risco da permissionária, sob fiscalização do poder público; c) sempre é precedida de licitação, sem determinação legal de uma modalidade específica; d) natureza contratual (contrato de adesão); e) prazo determinado, com possibilidade de prorrogação nas condições estipuladas no contrato; f) celebração com pessoa física ou jurídica, sem previsão de permissão a consórcio de empresas; g) delegação a título precário; h) revogabilidade unilateral do contrato pelo poder público.

Por seu turno, acerca da **concessão**, anota-se: a) é a delegação da prestação do serviço público, permanecendo a titularidade com o poder público; b) a prestação do serviço é por conta e risco da concessionária, sob fiscalização do poder concedente; c) sempre precedida de licitação, na modalidade concorrência; d) natureza contratual; e) prazo determinado, com possibilidade de prorrogação nas condições estipuladas no contrato; f) celebração com pessoa jurídica ou consórcio de empresas, mas não com pessoa física; g) não precária; h) não cabimento da revogação do contrato.[36]

Por esse elenco de características, repara-se nas seguintes diferenças: 1) embora ambas sejam precedidas de licitação, a permissão pode se dar por qualquer modalidade enquanto que concessão deve se dar, obrigatoriamente, por concorrência; 2) a celebração não pode ser concretizada com pessoas físicas na concessão, o que é possível na permissão; 3) a delegação, na concessão, não é a título precário, ao contrário do que acontece na permissão; 4) não é possível a revogação do contrato concessão, mas o é na permissão.

---

(35) BRASIL. Lei n. 8.987, de 13 de fevereiro de 1995. Dispõe sobre o regime de concessão e permissão da prestação de serviços públicos previsto no art. 175 da Constituição Federal, e dá outras providências. Disponível em: <http://www.planalto.gov.br/ccivil_03/Leis/L8987cons.htm>. Acesso em: 05 maio 2010.
(36) ALEXANDRINO; PAULO, 2009. p. 639-640.

É interessante mencionar que, em relação a algumas das características, a abordagem doutrinária e jurisprudencial não é pacífica. É o que assinala Flávia Cristina Moura de Andrade, por exemplo, no tocante à natureza da permissão — se ato ou contrato — e à precariedade:

> Embora exista definição legal do instituto da permissão, a doutrina e a jurisprudência ainda não adotaram posição pacífica no que diz respeito à natureza da permissão para prestação de serviço — ato ou contrato. Isto porque a Constituição Federal de 1988 parece dar natureza contratual à permissão, e a Lei de Concessões e Permissões diz, no seu art. 40, que a permissão é "contrato de adesão".
>
> A despeito do disposto na Lei n. 8987/95, deve-se encarar a permissão como ato negocial, portanto unilateral, precário e sem direito à indenização por extinção unilateral, tendo em vista seu conceito tradicional. Mas também com relação à precariedade existem discussões doutrinárias, pois alguns autores acreditam que, no caso da permissão condicional ou onerosa, como esta impõe algum ônus ao permissionário, a revogação deve garantir seus direitos, inclusive podendo haver indenização.[37]

Sem olvidar da existência de aspectos de divergência e, sobretudo, da amplitude da matéria em tela, nesse momento é necessário tornar assente que, por meio da permissão e da concessão, particulares prestam serviços públicos. Mas não é só: além da prestação de serviços, a permissão também se volta ao uso de bem público, ao passo que a concessão é mais abrangente, destinando-se ainda à execução de obra pública.[38]

Elegendo-se a prestação de serviços públicos como atividade a ser desempenhada por pessoa estranha ao aparelho administrativo, urge aclarar como o Estado opta na seleção de uma dessas modalidades de delegação. Flávia Cristina Moura de Andrade lembra que

> A Administração deve se pautar pelas características do serviço público que será exercido. Se este requisitar grandes investimentos (ex: serviço de transporte coletivo de massa), será caso de concessão. Se não, poderá ser feito por meio de permissão (ex: serviço de transporte individual por táxi).[39]

Assim, na escolha da delegação por permissão ou concessão, as especificidades dos serviços públicos a serem prestados são indissociáveis das

---

(37) ANDRADE, Flávia Cristina Moura de. *Direito administrativo*. São Paulo: Premier Máxima, 2006. Coleção Elementos do Direito. p. 202.
(38) ANDRADE, 2006. p. 202-203.
(39) ANDRADE, 2006. p. 202.

características desses institutos. Vale dizer: tanto o serviço como a sua prestadora têm papel fundamental na opção a ser realizada pelo Poder Público.

Pelo explanado até então, é possível constatar perfeitamente as diferenças entre as concessionárias e as permissionárias. No entanto, impõe-se destacar um ponto que lhes é comum, qual seja, o serviço adequado, que representa o pressuposto básico da delegação.[40] Afinal, é dever da concessionária ou permissionária a prestação do serviço adequado, ao passo que é direito do usuário recebê-lo desta forma. É o que se nota pela interpretação sistemática e leitura conjunta dos seguintes dispositivos legais:

> a) art. 175 e inciso IV de seu parágrafo único, da Constituição da República Federativa do Brasil de 1988: "Art. 175. Incumbe ao Poder Público, na forma da lei, diretamente ou sob regime de concessão ou permissão, sempre através de licitação, a prestação de serviços públicos. Parágrafo único. A lei disporá sobre: [...] V — a obrigação de manter serviço adequado."[41]
>
> b) *caput* do art. 6º da Lei n. 8.975/1995: "Toda concessão ou permissão pressupõe a prestação de serviço adequado ao pleno atendimento dos usuários, conforme estabelecido nesta Lei, nas normas pertinentes e no respectivo contrato."[42]
>
> c) *caput* do art. 7º e seu inciso I, da Lei n. 8.975/1995: "Art. 7º. Sem prejuízo do disposto na Lei nº 8.078, de 11 de setembro de 1990, são direitos e obrigações dos usuários: I — receber serviço adequado; [...]."[43]
>
> d) *caput* do art. 31 e seu inciso I, da Lei n. 8.975/1995: "Art. 31. Incumbe à concessionária: I — prestar serviço adequado, na forma prevista nesta Lei, nas normas técnicas aplicáveis e no contrato; [...]."[44]

A expressão "serviço adequado" significa muito mais do que um serviço oportuno e útil. O seu alcance, pois, foi dado na própria Lei n. 8.975/1995, mais precisamente no § 1º de seu art. 6º: "Serviço adequado é o que satisfaz as condições de regularidade, continuidade, eficiência, segurança, atualidade, generalidade, cortesia na sua prestação e modicidade das tarifas".[45] Todavia, a abrangência da expressão não fica limitada a tal dispositivo legal, pois nos próprios editais e contratos é possível detalhar cada um dos elementos, consoante autorização prevista nos citados arts. 6º, *caput*, e 31, I, ambos da Lei n. 8.975/1995. É o que também constata Lucas Rocha Furtado:

> Trata-se, evidentemente, de conceito jurídico indeterminado. A definição deste importante aspecto das concessões não pode permanecer, todavia, indefinidamente em aberto, ou restar sua aplicação ao livre alvedrio do concessionário. Cabe ao edital e ao

---

(40) GUERRA, Evandro Martins. *Direito administrativo sintético*. Belo Horizonte: Fórum, 2007. p 341.
(41) BRASIL. Constituição da República Federativa do Brasil, de 5 de outubro de 1988.
(42) BRASIL. Lei n. 8.975, de 13 de fevereiro de 1995.
(43) BRASIL. Lei n. 8.975, de 13 de fevereiro de 1995.
(44) BRASIL. Lei n. 8.975, de 13 de fevereiro de 1995.
(45) BRASIL. Lei n. 8.987, de 13 de fevereiro de 1995.

contrato de cada concessão especificarem de modo detalhado cada um dos elementos que compreende o serviço adequado.[46]

Odete Medauar ainda atenta que os preceitos do Código de Defesa do Consumidor também devem ser observados.[47]

Logo, é de fundamental importância que os serviços delegados a permissionárias e concessionárias sejam executados de forma adequada, sobretudo porque, conforme ressalta Marçal Justen Filho, não se trata apenas da implementação de políticas públicas e da manifestação da atividade administrativa do Estado; cuida-se de instrumentos para a realização de valores constitucionais fundamentais. E conclui: o fim a ser obtido pela delegação dos serviços é a prestação das utilidades necessárias à satisfação de um direito fundamental, o que norteia a atuação de todos os sujeitos envolvidos e propicia ao particular o seu comprometimento com a promoção deste fim.[48]

Nessa vereda, o compromisso dos particulares com o adequado desempenho dos serviços públicos e, de modo geral, com o cumprimento dos deveres insculpidos no art. 31 da Lei n. 8.987/1995, é imprescindível. Eventual violação dessas obrigações, mediante ações ou omissões que acarretem danos a terceiros, sujeita as concessionárias e permissionárias à responsabilização. E é exatamente com enfoque na responsabilidade civil que prosseguirá essa linha expositiva.

---

(46) FURTADO, 2007. p. 569.
(47) MEDAUAR, 2008. p. 322.
(48) JUSTEN FILHO, 2008. p. 595.

3

ASPECTOS GERAIS SOBRE A RESPONSABILIDADE CIVIL NA PRESTAÇÃO DO SERVIÇO PÚBLICO

A responsabilidade civil existe como uma forma de refrear/reparar a prática de atos danosos na medida em que a obrigação indenizatória a acompanha. A violação de direitos, pela prática de atos ilícitos e lícitos, também pode ocorrer quando da prestação de serviços públicos. Sua execução, por pessoas jurídicas de direito público ou de direito privado, dependem de pessoas naturais para sua materialização, as quais estão sujeitas a erros e imperfeições. Os danos provenientes dessas fragilidades, quando ocorridos no desempenho de tais serviços, geram a responsabilização e exigem um tratamento diferencial por estar em pauta o interesse público.

Nesse contexto, conforme se verificará nesse capítulo, a responsabilidade das pessoas jurídicas prestadoras de serviços públicos evoluiu ao lado das alterações legislativas, passando da completa irresponsabilidade até a sua responsabilidade objetiva. Além disso, expor-se-ão os requisitos da responsabilidade civil, bem como as suas causas excludentes.

Antes, porém, é imperioso esclarecer que, para o adequado entendimento da responsabilidade civil atrelada à prestação de serviços públicos, há de se ter em mente que a atividade desenvolvida com o fim de atender ao interesse da coletividade, executada tanto pela própria Administração Pública quanto por particulares (delegatárias), manterá submissão ao regime de direito público. Isso significa que o tratamento legal atribuído ao Estado também é conferido a estas pessoas jurídicas de direito privado justamente em virtude da natureza pública da atividade por elas desenvolvida. E essa natureza, grifa-se, não se altera pela simples transferência da titularidade da execução do serviço.

Assim sendo, é importante frisar que a abordagem da responsabilidade civil do Estado feita neste capítulo, com as devidas ressalvas, é também aplicável às pessoas jurídicas de direito privado prestadoras de serviços públicos.

3.1. Conceituação e Evolução

A conceituação dos diversos institutos jurídicos é de fundamental importância. Em vista disso, traz-se a conceituação da responsabilidade civil. E, para melhor compreender o seu atual entendimento, apresenta-se um quadro evolutivo.

3.1.1. Conceituação

O vocábulo "responsabilidade", segundo De Plácido e Silva, é formado de

> *responsável*, de *responder*, do latim *respondere*, tomado na significação de *responsabilizar-se, vir garantindo, assegurar, assumir o pagamento do que se obrigou* ou *do ato que praticou*.
>
> Em sentido geral, pois, exprime a *obrigação de responder por alguma coisa*. [...]
>
> A responsabilidade [...] tem ampla significação, revela o *dever jurídico*, em que se coloca a pessoa, seja em virtude de contrato, seja em face de fato ou omissão, que lhe seja imputado, para *satisfazer a prestação convencionada* ou para *suportar as sanções legais*, que lhe são impostas.
>
> Onde quer que, portanto, haja a *obrigação de fazer, dar* ou *não fazer alguma coisa*, de *ressarcir danos*, de *suportar sanções legais* ou *penalidades*, há a *responsabilidade*, em virtude da qual se exige a satisfação ou o cumprimento da obrigação ou da sanção. [grifo no original][49]

Observa-se, pois, que a ideia de obrigação é indissociável da noção de responsabilidade. E, dentre as suas espécies, destaca-se neste estudo a responsabilidade civil.

Para o mesmo autor citado, a responsabilidade civil

> É a expressão usada na linguagem jurídica, em distinção à *responsabilidade criminal* ou *penal*.
>
> Designa a *obrigação de reparar o dano* ou *de ressarcir o dano*, quando injustamente causado a outrem.
>
> Revela-se, assim, ou melhor, resulta da *ofensa* ou da *violação de direito*, que redunda em dano ou prejuízo a outrem.
>
> Pode ter como causa própria *ação* ou *ato ilícito*, como, também, o *fato ilícito de outrem*, por quem, em virtude de regra legal *se responde* ou *se é responsável* [grifo no original].[50]

A amplitude do tema é facilmente percebida, inclusive pela maneira com que se pode destrinchá-lo. Sergio Cavalieri Filho esquematiza a responsabilidade civil da seguinte forma:

---

(49) SILVA, De Plácido e. *Vocabulário jurídico*. 20. ed. Rio de Janeiro: Forense, 2002. p. 713.
(50) SILVA, 2002. p. 713.

a) contratual: a.1) com obrigação de resultado; a.2) com obrigação de meio;

b) extracontratual: b.1) subjetiva (com culpa comprovada e com culpa presumida); b.2) objetiva (por abuso de direito, atividade de risco — fato do serviço, fato do produto, fato de outrem, fato da coisa, do Estado e dos prestadores de serviços públicos, nas relações de consumo).[51]

Essa pesquisa fica delimitada à responsabilidade extracontratual dos prestadores de serviços públicos, mais precisamente, dos que sejam pessoas jurídicas de direito privado. E, consoante se verá em momento oportuno, nem sempre a sua responsabilidade foi objetiva.

De qualquer modo, é imperioso tecer algumas considerações especificamente sobre a responsabilidade civil do Estado, já que titular do serviço público, sem se adentrar na responsabilidade contratual.

Nesse passo, Flávia Cristina Moura de Andrade conceitua "a responsabilidade civil extracontratual do Estado como a *obrigação que este tem de indenizar os danos patrimoniais ou morais que seus agentes causem aos particulares.* [grifos no original]".[52] Hely Lopes Meirelles prefere ainda indicar o cenário relativo aos agentes, na medida em que define a responsabilidade civil do Estado como aquela "que impõe à Fazenda Pública a obrigação de compor o dano causado a terceiro por agentes públicos, no desempenho de suas atribuições ou a pretexto de exercê-las. É distinta da responsabilidade contratual e da legal".[53]

A provocação dos danos pode se dar em virtude de comportamentos unilaterais, lícitos ou ilícitos, comissivos ou omissivos, materiais ou jurídicos, sendo que a responsabilidade pode advir de comportamentos administrativos, de atos legislativos e de atos judiciais.[54] Esses dois últimos não serão objeto deste estudo, pois os serviços públicos enquadram-se na primeira situação (comportamentos administrativos).

Yussef Said Cahali pontifica:

> Tradicionalmente, tal responsabilidade compreende a reparação dos danos pelos atos ilícitos, não abrangendo, desse modo, a indenização devida em decorrência de atividade legítima do Poder Público, como

---

(51) CAVALIERI FILHO, Sergio. *Programa de responsabilidade civil*. 7. ed. rev. e ampl. São Paulo: Atlas, 2007. p. 20.
(52) ANDRADE, 2007. p. 161.
(53) MEIRELLES, 2001. p. 609.
(54) CUNHA JUNIOR, Dirley da. *Direito administrativo*. 2. ed. rev. e ampl. Salvador: Jus PODIVM, 2003. p. 275.

sucede nos casos de desapropriação, de requisição, de execução compulsória de medidas sanitárias; embora seja certo que, atualmente, aquela responsabilidade desfrute de maior amplitude, para compreender também os danos injustos causados por uma atividade lícita da Administração.[55]

Acentua Lucas Rocha Furtado, ao articular todos os aspectos relevantes em uma única formulação, que a responsabilidade civil do Estado *"alcança todas as situações em que o exercício de atividades lícitas ou ilícitas desenvolvidas pelas pessoas jurídicas de Direito Público ou [...] de Direito Privado prestadoras de serviços públicos viole direitos dos particulares causando-lhes prejuízo material ou moral"* [grifo no original].[56]

Atualmente, não há dúvidas acerca da possibilidade de o Estado ser responsabilizado, porém, nem sempre foi assim: em épocas passadas, prevaleceu o princípio da irresponsabilidade. Houve, portanto, uma evolução do instituto que acompanhou as mudanças sociais e históricas ao longo dos tempos.

3.1.2. Evolução

A **teoria da irresponsabilidade do Estado** aparece como o primeiro momento dessa evolução, vigorando no Estado despótico e absolutista em que surgem as conhecidas máximas "O rei não erra" (*The king can do no wrong*), "O Estado sou eu" (*L'État c'est moi*), "O que agrada ao príncipe tem força de lei".[57] Diante disso e como o próprio nome sugere, o Estado não respondia por danos causados a terceiros.

Yussef Said Cahali explica que essa teoria firmava-se em três postulados:

> 1) na soberania do Estado, que, por natureza irredutível, proíbe ou nega sua igualdade ao súdito, em qualquer nível de relação; a responsabilidade do soberano perante o súdito é impossível de ser reconhecida, pois envolveria uma contradição nos termos da equação; 2) segue-se que, representando o Estado soberano o direito organizado, não pode aquele aparecer como violador desse mesmo direito; 3) daí, os atos contrários à lei praticados pelos funcionários jamais podem ser considerados atos do Estado, devendo ser atribuídos pessoalmente àqueles, como praticados *nomine proprio*.[58]

---

(55) CAHALI, Yussef Said. *Responsabilidade civil do Estado*. 3. ed. rev., atual. e ampl. São Paulo: Revista dos Tribunais, 2007. p. 13.
(56) FURTADO, 2007. p. 1001.
(57) CAVALIERI FILHO, 2007. p. 219.
(58) CAHALI, 2007. p. 20-21.

Essa teoria vigorou por séculos e teve como últimos redutos a Inglaterra e os Estados Unidos, os quais, em 1946, conforme o *Federal Tort Claim Act*, passaram a acolher a teoria da responsabilidade, porém, subjetiva.[59] A Inglaterra assim o fez em 1947 por meio do *Crown Proceeding Act*.[60]

Dessarte, ao se admitir a responsabilidade estatal, foram adotados princípios do Direito Civil, ligados à ideia de culpa, razão pela qual ganharam força as **teorias civilistas** que marcaram a segunda fase da evolução.

Essa fase iniciou-se com a distinção entre **atos de império** (praticados com as prerrogativas e privilégios de autoridade e impostos unilateral e coercitivamente ao particular, regidos por um direito especial) e **atos de gestão** (praticados em situação de igualdade com os administrados, sendo destinados à conservação e desenvolvimento do patrimônio público, bem como à gestão de serviços públicos, regidos pelo direito comum), ambos praticados pela Administração. Afastava-se a responsabilidade civil decorrente dos atos de império e aplicava-se esta aos de gestão. A pessoa do rei, assim, não se confundia com a pessoa do Estado: aquele executava os atos de império, e este, os de gestão por meio de prepostos.[61]

É possível notar resquícios da teoria da irresponsabilidade na medida em que essa distinção entre o monarca e o Estado indicava a prevalência do pensamento de que o rei nunca erra. No entanto, como grifou Maria Sylvia Zanella di Pietro, houve oposição a essa teoria por não ser possível dividir a personalidade do Estado e enquadrar vários atos dentre aqueles de gestão. E a jurista complementa que, abandonada a diferenciação entre atos de império e de gestão, surgiu a **teoria da culpa civil ou da responsabilidade subjetiva**, em que se procurava demonstrar a culpa do Estado para responsabilizá-lo equiparando a relação de responsabilidade entre patrão/comitente e empregados/prepostos.[62]

Sergio Cavalieri Filho invoca, então, a **teoria do órgão ou organicista**, pela qual o Estado é um organismo vivo, integrado por um conjunto de órgãos que realizam suas funções. O autor pondera que a vontade e as ações desses órgãos não são dos agentes humanos que neles atuam, mas, sim, do próprio Estado. E explica que o órgão supõe a existência de uma só pessoa que seria o Estado, motivo pelo qual o dano causado ao particular imputa-se diretamente à pessoa jurídica de cuja organização faz parte o funcionário causador desse dano.[63]

---

(59) VENDRAMEL, Aparecida. *Responsabilidade extracontratual do Estado*. São Paulo: Themis Livraria e Editora, 1999. p. 27.
(60) PIETRO, 2006. p. 619.
(61) PIETRO, 2006. p. 619-620.
(62) PIETRO, 2006. p. 620.
(63) CAVALIERI FILHO, 2007. p. 220-221.

Do raciocínio colacionado, extrai-se a essência da responsabilização — e aqui se procura aplicá-la ao caso da prestação dos serviços —: a atividade do prestador do serviço é tida como a atividade da própria pessoa jurídica e, por isso, esta fica responsável pelos danos eventualmente causados.

Entretanto, as teorias civilistas da responsabilização do Estado foram superadas, discorrendo Aparecida Vendramel sobre o fenômeno:

> O pressuposto da culpa, último reduto da teoria civilista para responsabilizar o Estado, passa a ser justificável e insuficiente para explicar os danos resultantes das atividades administrativas. Busca-se, então, publicizar a culpa do Estado, publicização que se inicia na França, quando o Tribunal de Conflitos, em fevereiro de 1873, julgando o famoso "caso Blanco", afirma a autonomia da responsabilidade estatal, apartando-a dos princípios civilistas.[64][65]

Despontaram, então, as **teorias publicistas** da responsabilidade do Estado, que assinalaram a terceira e última fase da evolução. Como a própria terminologia induz, o direito em que se desenvolveu a teoria não é o civil, mas sim o público. As teorias publicistas são as seguintes: a) a teoria da culpa do serviço ou da culpa administrativa ou do acidente administrativo; b) a teoria do risco, desdobrada em teoria do risco administrativo e teoria do risco integral.[66]

Sergio Cavalieri Filho sintetiza a mudança da atribuição da culpa e expressa a natureza da primeira das teorias publicistas, qual seja, a **teoria da culpa do serviço**:

> Com base nesses princípios publicísticos evoluiu-se da *culpa individual* para a *culpa anônima* ou *impessoal*. A noção civilista da culpa ficou ultrapassada, passando-se a falar em *culpa do serviço* ou *falta do serviço* [...], que ocorre quando o serviço não funciona, funciona mal ou funciona atrasado. Em outras palavras, basta a ausência do serviço devido ou o seu defeituoso funcionamento, inclusive pela demora, para configurar a responsabilidade pelos danos daí decorrentes aos administrados. [grifo no original][67]

---

(64) VENDRAMEL, 1999. p. 29.
(65) "Caso Blanco": "a menina Agnès Blanco, ao atravessar uma rua da cidade de Bordeaux, foi colhida por uma vagonete da Cia. Nacional de Manufatura do Fumo; seu pai promoveu ação civil de indenização, com base no princípio de que o Estado é civilmente responsável por prejuízos causados a terceiros, em decorrência de ação danosa de seus agentes. Suscitado conflito de atribuições entre a jurisdição comum e o contencioso administrativo, o Tribunal de Conflitos decidiu que a controvérsia deveria ser solucionada pelo tribunal administrativo, porque se tratava de apreciar a responsabilidade decorrente de funcionamento do serviço público. Entendeu-se que a responsabilidade do Estado não pode reger-se pelos princípios do Código Civil, porque se sujeita a regras especiais que variam conforme as necessidades do serviço e a imposição de conciliar os direitos do Estado com os direitos privados". PIETRO, 2006. p. 620.
(66) PIETRO, 2006. p. 620-621.
(67) CAVALIERI FILHO, 2007. p. 221.

Fala-se em culpa anônima ou impessoal porque o fenômeno evolutivo é vinculado à despersonalização da culpa, transformando-a à consideração de falha da máquina administrativa pelo anonimato do agente.[68] Enfim, não importa nominar o funcionário que incorreu em culpa, bastando que fique comprovada a falha do serviço que resta consubstanciada em qualquer uma destas três hipóteses: serviço defeituoso, falta do serviço ou seu retardamento.

Nessa teoria, fica estabelecido um binômio, qual seja, o

> binômio *falta do serviço/culpa da Administração*. Já aqui não se indaga da culpa subjetiva do agente administrativo, mas perquire-se a falta objetiva do serviço em si mesmo, como fato gerador da obrigação de indenizar o dano causado a terceiro. Exige-se também uma culpa, mas uma culpa especial da Administração, a que se convencionou chamar de *culpa administrativa*. [grifo no original][69]

A culpa especial também é enfocada por Dirley da Cunha Júnior ao mesmo tempo em que salienta o anonimato:

> A peculiaridade aqui é que, em razão dos princípios de direito público, não se trata de uma culpa qualquer ou individual do agente público, mas de uma culpa anônima do serviço, sem individualização pessoal, caracterizada pela presença de qualquer uma daquelas três situações [...] (o serviço não funcionou ou funcionou mal ou funcionou atrasado), que descortina o proceder *ilícito* da Administração Pública, próprio da responsabilidade subjetiva. [grifo no original][70]

Hely Lopes Meirelles revela que essa teoria representou o primeiro estágio da transição entre a doutrina subjetiva da culpa civil e a tese objetiva do risco administrativo[71], cujo advento se passa a ilustrar:

> Foi com lastro em fundamentos de ordem política e jurídica que os Estados modernos passaram a adotar a teoria da responsabilidade objetiva no direito público.
>
> Esses fundamentos vieram à tona na medida em que se tornou plenamente perceptível que o Estado tem maior poder e mais sensíveis prerrogativas do que o administrado. É realmente o sujeito jurídica, política e economicamente mais poderoso. O indivíduo, ao contrário, tem posição de subordinação, mesmo que protegido por inúmeras normas do ordenamento jurídico. Sendo assim, não seria justo que,

---

(68) CAHALI, 2007. p. 25.
(69) MEIRELLES, 2001. p. 611.
(70) CUNHA JÚNIOR, 2003. p. 277.
(71) MEIRELLES, 2001. p. 611.

diante de prejuízos oriundos da atividade estatal, tivesse ele que se empenhar demasiadamente para conquistar o direito à reparação dos danos.

Diante disso, passou-se a considerar que, por ser mais poderoso, o Estado teria que arcar com um risco natural decorrente de suas numerosas atividades: à maior quantidade de poderes haveria de corresponder um risco maior.[72]

A **teoria do risco administrativo** é, pois, assim denominada porque leva em conta o risco que a atividade do Estado pode gerar e na possibilidade de causar danos aos administrados. É o que se vê na lição de Sergio Cavalieri Filho, que também dá formulação à teoria em tela:

> Em busca de um fundamento para a responsabilidade objetiva do Estado, valeram-se os juristas da teoria do risco, adaptando-a para a atividade pública. Resultou, daí, a *teoria do risco administrativo*, imaginada originalmente por Léon Duguit [...], que pode ser assim formulada: a Administração Pública gera risco para os administrados, entendendo-se como tal a possibilidade de dano que os membros da comunidade podem sofrer em decorrência da normal ou anormal atividade do Estado. Tendo em vista que essa atividade é exercida em favor de todos, seus ônus devem ser também suportados por todos, e não apenas por alguns. Consequentemente, deve o Estado, que a todos representa, suportar os ônus da sua atividade, independentemente da culpa dos seus agentes. [grifo no original][73]

Constata-se, portanto, que responsabilidade subjetiva ficou definitivamente afastada, pois a culpa passou a ser excluída dos pressupostos da responsabilização, bastando apenas a prova do dano e do nexo causal entre este e o comportamento do Estado (ação/omissão praticada por meio de seus agentes ou delegados). Também não há relevância se a atuação é lícita ou ilícita.

De qualquer modo, diante da licitude ou ilicitude, Odete Medauar e Aparecida Vendramel apontam dois princípios que respaldam a concepção da responsabilidade jurídica do Estado, quais sejam, o princípio da equidade e o princípio da igualdade de todos os ônus e encargos da Administração (ou solidariedade social)[74]:

> A indenização imposta ao Estado pode se apresentar como sanção, quando da prática de atos que infrinjam o ordenamento jurídico ou,

---

(72) CARVALHO FILHO, 2007. p. 475-476.
(73) CAVALIERI FILHO, 2007. p. 222-223.
(74) VENDRAMEL, 1999. p. 31; MEDAUAR, 2008. p. 367.

poderá apresentar-se como ressarcimento pelo ato injusto, ou seja, ato que, embora praticado sob o amparo legal, configure injustiça pela imposição de sacrifícios patrimoniais a apenas um ou alguns membros da coletividade, em benefício dessa mesma coletividade. No primeiro caso, a responsabilidade do Estado fundamenta-se no princípio da legalidade e, no segundo caso, o princípio da igualdade o embasa.[75]

Além desses dois princípios, Flávia Cristina Moura de Andrade sublinha outros dois fundamentos:

> O motivo do Estado possuir um regime de responsabilidade diverso do particular (Estado responde objetivamente e particular subjetivamente) se baseia no seguinte:
>
> a) respeito ao *princípio da igualdade*, dado que uma pessoa não pode sofrer em razão de algo que beneficia a todos.
>
> b) os atos praticados pelo Estado trazem *danos mais intensos* que atos dos particulares.
>
> c) a existência das *prerrogativas* de direito público. Ex.: poder de polícia; presunção de legitimidade.
>
> d) no caso de atos ilícitos praticados pelo Estado, o *princípio da legalidade* que veda a atuação estatal fora do que a lei determina ou permite. [grifo no original][76]

Para Hely Lopes Meirelles, a teoria do risco administrativo possui duas modalidades: a teoria do risco administrativo e a teoria do risco integral. No risco administrativo, não se cogita que a Administração indenize sempre e em qualquer caso o dano suportado pelo particular, mas, sim, que a vítima fica dispensada da prova da culpa da Administração que poderá, por sua vez, demonstrar a culpa total ou parcial do lesado no evento danoso, caso em que se eximirá integral ou parcialmente da indenização. Já pela **teoria do risco integral**, a Administração fica obrigada a indenizar todo e qualquer dano suportado por terceiros, ainda que resultante de dolo ou culpa da vítima. Diante da fórmula radical, tal teoria foi abandonada na prática.[77] No mesmo sentido, tem-se a ensinança de Lucas Rocha Furtado[78] e de Sergio Cavalieri Filho, o qual aponta ser imprescindível essa distinção, apesar de alguns autores defenderem tratar--se apenas de questão de semântica.[79]

---

(75) VENDRAMEL, 1999, p. 31.
(76) ANDRADE, 2007. p. 166-167.
(77) MEIRELLES, 2001. p. 612.
(78) FURTADO, 2007. p. 1007.
(79) CAVALIERI FILHO, 2007. p. 223-224.

Permite-se sintetizar a distinção exposta da seguinte forma: enquanto na teoria do risco administrativo se admite a ocorrência de causas excludentes da responsabilidade, o contrário acontece na teoria do risco integral.

Tais causas excludentes, bem como os requisitos da responsabilização, serão esmiuçados adiante. Antes, porém, é salutar a verificação da disciplina legal existente no país sobre o tema.

3.2. A Disciplina Legal Existente no Brasil

Embora muitos autores sustentem que no Brasil não houve a fase da irresponsabilidade do Estado,[80] esta se constatou apenas em um primeiro momento e sob o domínio da Coroa portuguesa.[81]

Segundo Aparecida Vendramel, "A primeira Constituição brasileira, outorgada à Nação em 1824, acolhe a teoria da irresponsabilidade apenas quanto à figura do Imperador, alçada à condição de 'inviolável e sagrada', nos exatos termos do art. 99 daquela Constituição".[82] A autora ainda sustenta que, em outros dispositivos, a Constituição do Império previu a responsabilidade subjetiva dos Ministros de Estado (arts. 133 e 135), Juízes de Direito e Oficiais de Justiça (arts. 156 e 157) e empregados públicos (art. 179, XXXIX), bem como a responsabilidade objetiva da Administração do Correio (art. 179, XXVII).[83] Essa pequena aparição da responsabilidade objetiva, na verdade, não é considerada como marco definitivo de seu surgimento, o que se dá com a Constituição de 1946 como se verá adiante.

Odete Medauar, por sua vez, argumenta que as Constituições de 1824 e de 1891 não cuidaram da responsabilidade civil do Estado,[84] porém, não se pode olvidar de dois de seus dispositivos:

> A Constituição do Império (1824), em seu art. 178, n. 29, estabelecia que: "Os empregados públicos são estritamente responsáveis pelos abusos e omissões praticados no exercício de suas funções, e por não fazerem efetivamente responsáveis aos seus subalternos." A Constituição Republicana (1891), por seu termo, em seu art. 79, continha disposição idêntica, responsabilizando os funcionários públicos pelos seus abusos e omissões em que incorressem no exercício dos seus cargos.[85]

---

(80) CAVALIERI FILHO, 2007. p. 224; PIETRO, 2006. p. 622.
(81) VENDRAMEL, 1999. p. 32.
(82) VENDRAMEL, 1999. p. 46.
(83) VENDRAMEL, 1999. p. 46-47.
(84) MEDAUAR, 2008. p. 367.
(85) CAVALIERI FILHO, 2007. p. 224.

Sergio Cavalieri Filho pondera que se entendia haver solidariedade do Estado em relação aos atos de seus agentes e que se cuidava da responsabilidade fundada na culpa civil, em que era indispensável a comprovação da culpa do agente.[86]

Pouco tempo depois da Constituição Republicana de 1891, surgiu a Lei n. 221, de 20.11.1894, que regulamentou procedimentos, revendo em seu art. 13 que "os Juízes e Tribunais Federais processarão e julgarão as causas que se fundarem na lesão de direitos individuais por atos ou decisões das autoridades administrativas da União".[87]

Em 1º.1.1916, tem-se a Lei n. 3.071, mais conhecida como "Código Civil", cujo art. 15 previa: "As pessoas jurídicas de direito público são civilmente responsáveis por atos dos seus representantes que nessa qualidade causem danos a terceiros, procedendo de modo contrário ao direito ou faltando a dever prescrito por lei, salvo o direito regressivo contra os causadores do dano".[88] Segundo a maioria doutrinária, esse dispositivo legal consagrou a responsabilidade subjetiva do Estado, já que só haveria a responsabilização mediante prova do dolo ou culpa.[89]

Já a Constituição de 1934 previu a responsabilidade solidária entre Estado e funcionários, porquanto seu art. 171 rezava que estes eram responsáveis solidariamente com a Fazenda Nacional, Estadual ou Municipal, por quaisquer prejuízos decorrentes de negligência, omissão ou abuso no exercício de seus cargos. No mesmo sentido, tem-se o art. 158 da Constituição de 1937.[90]

Seguiu-se a Constituição de 1946 que foi um divisor de águas na medida em que acolheu expressamente a teoria da responsabilidade objetiva do Estado em seu art. 194: "As pessoas jurídicas de direito público interno são civilmente responsáveis pelos danos que os seus funcionários, nessa qualidade, causem a terceiros".[91] Sergio Cavalieri Filho observa que a menção à culpa surgia apenas no parágrafo único para determinar a ação regressiva do ente público contra seu servidor, expondo a seguinte conclusão: se a prova da culpa ou dolo era exigida somente para a ação regressiva do ente público contra seu servidor, é porque para a ação da vítima contra o ente público se prescindia destes elementos subjetivos.[92]

---

(86) CAVALIERI FILHO, 2007. p. 224.
(87) CAHALI, 2007. p. 30.
(88) BRASIL. Lei n. 3.071, de 1º de janeiro de 1916. Código Civil. Disponível em: <http://www.planalto.gov.br/ccivil_03/LEIS/L3071.htm>. Acesso em: 10 maio 2010.
(89) MEIRELLES, 2001. p. 613; VENDRAMEL, 1999. p. 32; CAVALIERI FILHO, 2007. p. 225; PIETRO, 2006. p. 623; MEDAUAR, 2007. p. 367.
(90) PIETRO, 2006. p. 623.
(91) BRASIL. Constituição dos Estados Unidos do Brasil, de 18 de setembro de 1946. Disponível em: <http://www.planalto.gov.br/ccivil_03/Constituicao/Constituicao46.htm>. Acesso em: 10 maio 2010.
(92) CAVALIERI FILHO, 2007. p. 225.

A mesma diretriz foi mantida na Constituição de 1967 (art. 105) e na Emenda Constitucional de 1969 (art. 107), respectivamente:

> Art. 105 — As pessoas jurídicas de direito público respondem pelos danos que seus funcionários, nessa qualidade, causem a terceiros.
>
> Parágrafo único — Caberá ação regressiva contra o funcionário responsável, nos casos de culpa ou dolo.[93]
>
> Art. 107. Às [sic] pessoas jurídicas de direito público responderão pelos danos que seus funcionários, nessa qualidade, causarem a terceiros.
>
> Parágrafo único. Caberá ação regressiva contra o funcionário responsável, nos casos de culpa ou dolo.[94]

E na Constituição da República Federativa do Brasil de 1988, mais precisamente no § 6º de seu art. 37, nota-se a manutenção da responsabilidade objetiva, porém, estendendo-a expressamente às pessoas jurídicas de direito privado prestadoras de serviço público: "As pessoas jurídicas de direito público e as de direito privado prestadoras de serviços públicos responderão pelos danos que seus agentes, nessa qualidade, causarem a terceiros, assegurado o direito de regresso contra o responsável nos casos de dolo ou culpa".[95]

Infere-se que esse dispositivo constitucional prevê duas situações distintas: a responsabilidade objetiva das pessoas jurídicas de direito público e das pessoas jurídicas de direito privado prestadoras de serviço público, bem como a responsabilidade subjetiva dos seus agentes. O foco desta pesquisa concerne à primeira situação, limitando-a ainda às pessoas jurídicas de direito privado que prestam serviços públicos. Assim, sobre a regra da responsabilidade objetiva do indigitado § 6º do art. 37, Maria Sylvia Zanella di Pietro elenca as seguintes exigências:

> 1. que se trate de pessoa jurídica de direito público ou de direito privado prestadora de serviços públicos; a norma constitucional veio pôr fim às divergências doutrinárias quanto à incidência de responsabilidade objetiva quando se tratasse de entidades de direito privado prestadoras de serviços públicos [...];
>
> 2. que essas entidades prestem **serviços públicos**, o que exclui as entidades da administração indireta que executem atividade econômica de natureza privada [...];
>
> 3. que haja um **dano causado a terceiros** em decorrência da prestação de serviço público; aqui está o nexo da causa e efeito;

---

(93) BRASIL. Constituição da República Federativa do Brasil, de 24 de janeiro de 1967. Disponível em: <http://www.planalto.gov.br/ccivil_03/Constituicao/Constituiçao67.htm>. Acesso em: 10 maio 2010.
(94) BRASIL. Emenda Constitucional n. 1, de 17 de outubro de 1969. Disponível em: <http://www.planalto.gov.br/ccivil_03/Constituicao/Emendas/Emc_anterior1988/emc01-69.htm>. Acesso em: 10 maio 2010.
(95) BRASIL. Constituição da República Federativa do Brasil, de 5 de outubro de 1988.

4. que o dano seja causado por **agente** das aludidas pessoas jurídicas, o que abrange todas as categorias, de agentes **políticos, administrativos** ou **particulares em colaboração com a Administração**, sem interessar o título sob o qual prestam o serviço;

5. que o agente, ao causar o dano, aja **nessa qualidade**; não basta ter a qualidade de agente público, pois, ainda que o seja, não acarretará a responsabilidade estatal se, ao causar o dano, não estiver agindo no exercício de suas funções. [grifo no original][96]

Nessa vereda, vislumbra-se que a redação do dispositivo legal sob comento leva à reflexão sobre diversas variáveis a serem identificadas em cada caso concreto para fins de responsabilização. Essas variáveis são salientadas por Aparecida Vendramel:

> A norma jurídica da responsabilidade do Estado é norma de comportamento, norma modalizadora de conduta, abrangendo, portanto, a ação ou omissão estatal. O Estado, na conformidade das relações mantidas com os administrados, poderá em razão de seu comportamento, ser responsabilizado por eventuais danos relacionados com sua conduta. Essa relação *intra facta* de causalidade, dano e ação do Estado, dano e omissão do Estado, é que estabelece a sua responsabilidade.
>
> A regra geral prevista no § 6º do art. 37 da Constituição é norma abstrata, sem individuação, uma proposição que possui variáveis de sujeitos, de fatos e de condutas. A realização da norma é um processo de individuação. Quando na concretização da norma geral os sujeitos indeterminados são substituídos por sujeitos individualizados e a indeterminação do objeto se delineia em prestações específicas, surge o fato jurídico concreto.[97]

Seguindo essa exposição evolutiva da legislação pátria, surgiu, por derradeiro, o Código Civil de 2002 que preceituou, em seu art. 43, que: "As pessoas jurídicas de direito público interno são civilmente responsáveis por atos dos seus agentes que nessa qualidade causem danos a terceiros, ressalvado direito regressivo contra os causadores do dano, se houver, por parte destes, culpa ou dolo".[98]

Vale aqui tecer uma crítica, pois o legislador civil deixou aquém do esperado na medida em que não estendeu a responsabilidade às pessoas jurídicas de direito

---

(96) PIETRO, 2006. p. 624.
(97) VENDRAMEL, 1999. p. 54.
(98) BRASIL. Lei n. 10.046, de 10 de janeiro de 2002. Institui o Código Civil. Disponível em: <http://www.planalto.gov.br/ccivil_03/LEIS/2002/L10406.htm>. Acesso em: 10 maio 2010.

privado prestadoras de serviço público, ou seja, o legislador não considerou a previsão constitucional. Por conseguinte, lembra-se que é dever do operador do Direito realizar uma interpretação sistemática. Assim, na análise do caso concreto, o operador poderá aplicar o art. 43 do Código Civil de 2002, porém, sempre em consonância ao disposto no § 6º do art. 37 da Constituição da República Federativa do Brasil de 1988.

Em ilação, frisa-se que a possibilidade de a prestação de serviços públicos acarretar danos a terceiros sempre permeou as preocupações dos juristas e, sobretudo, dos legisladores pátrios. Constata-se que desde 1946 prevalece expressamente no ordenamento jurídico pátrio a regra da responsabilidade objetiva do Estado. E é por força do tratamento legal, sobretudo a previsão do art. 37, § 6º, da Lei Maior, que a responsabilidade objetiva alcança, além das pessoas jurídicas de direito público, as pessoas jurídicas de direito privado prestadoras de serviço público.

Para se operar tal responsabilização, é mister esquadrinhar seus requisitos, não se olvidando das causas excludentes, questões estas expostas a seguir.

3.3. Requisitos e Causas Excludentes

Para que exsurja a responsabilidade civil, é imprescindível a configuração de determinados requisitos. Todavia, existem casos em que não se opera a responsabilidade civil em virtude da ocorrência de alguma das causas excludentes.

3.3.1. Requisitos

Os requisitos da responsabilidade civil em face de particulares e em face de pessoas jurídicas de direito público ou de direito privado prestadoras de serviços públicos não são iguais. Na verdade, na primeira situação existe um requisito a mais, qual seja, culpa ou dolo. Como exemplo ilustrativo e comparativo, traz-se à baila trecho da lição de Lucas Rocha Furtado:

> [...] se *particular pede indenização contra outro particular* em decorrência de acidente de trânsito, deve demonstrar 1. o dano sofrido; 2. o nexo de causalidade entre o dano e o acidente, vale dizer, que o dano decorreu daquele acidente; e 3. que houve culpa (imperícia, imprudência, negligência ou dolo) por parte daquele contra quem é pedida a indenização.
>
> Caso a vítima pleiteie indenização contra pessoa de Direito Público ou de Direito Privado prestadora de serviços públicos, deverá

demonstrar 1. o dano sofrido; 2. o nexo de causalidade entre o dano e o acidente. Nesta hipótese, libera-se a vítima de provar culpa por parte do agente público.[99]

Assim, tratando-se da responsabilização civil do Estado cujo tratamento é estendido às pessoas jurídicas de direito privado justamente em razão da prestação de serviços públicos, há três requisitos indispensáveis:

1. dano;

2. nexo de causalidade entre o *eventus damni* e o comportamento positivo (ação) ou negativo (omissão) do agente público;

3. "oficialidade da atividade causal e lesiva imputável a agente do Poder Público, que, nessa condição funcional, tenha incidido em conduta comissiva ou omissiva, independentemente da licitude, ou não, do seu comportamento funcional" (conforme mencionado em artigo publicado no *Informativo STF* n. 421 — RE n. 291035).[100]

O primeiro requisito é o **dano** que, na verdade, é imprescindível para toda responsabilização civil. Com efeito, sem a ocorrência de prejuízo, não há de se falar em responsabilidade. Assim, "se o dito lesado não prova que a conduta estatal lhe causou prejuízo, nenhuma reparação terá a postular".[101]

Se não bastasse, não é qualquer gravame, concernente a atos omissivos ou comissivos, que gera o dever de indenizar. Celso Antônio Bandeira de Mello aponta duas características do dano que são imprescindíveis para dar margem à indenização:

> (a) A primeira delas é que o dano corresponda a [sic] lesão a *um direito* da vítima. Quem não fere direito alheio não tem por que indenizar. Ou, dito pelo reverso: quem não sofreu gravame em um direito não tem título jurídico para postular indenização. Isto é, importa [...] que o evento danoso implique, ademais de lesão econômica, lesão jurídica.
>
> [...]
>
> (b) Para ser indenizável cumpre que o dano, ademais de incidente sobre um direito, seja *certo*, vale dizer, não apenas eventual, possível. Tanto poderá ser atual como futuro, desde que certo, real. [grifo do autor][102]

---

(99) FURTADO, 2007. p. 1023.
(100) FURTADO, 2007. p. 1019.
(101) CARVALHO FILHO, 2007. p. 482.
(102) MELLO. *Curso de Direito Administrativo*, 2009. p. 1010 e 1012.

Como exemplo em que não há dano jurídico — primeira característica invocada por Celso Antônio Bandeira de Mello —, Dirley da Cunha Júnior retrata a situação de proprietários de bares e restaurantes que perderam a sua clientela porque o Estado retirou um teatro público ou uma universidade pública das proximidades, cujos usuários frequentavam aqueles locais.[103] Não se discute que houve um prejuízo econômico, porém, não existe o dano a um direito juridicamente tutelado. Disso se infere que nem toda a lesão econômica gera o dever de indenizar e que um prejuízo não econômico pode originar este dever — desde que seja um prejuízo jurídico. Aliás, maior prova de que um dano não econômico pode acarretar indenização é a questão do abalo moral.

Tem-se, pois, que a lesão pode ser de ordem material ou moral.

Segundo Marçal Justen Filho, o dano material consiste "na redução da esfera patrimonial de um sujeito, propiciando a supressão ou a diminuição do valor econômico de bens ou direitos que integravam ou poderiam vir a integrar sua titularidade".[104] Assim, deverá ser calculado sobre o que o particular efetivamente perdeu (danos emergentes), deixou de ganhar (lucros cessantes) e poderia ganhar no futuro (danos futuros).[105] E aqui se tem refletida a segunda característica do dano trazida por Celso Antônio Bandeira de Mello: o dano certo.

Já o dano moral, para o mesmo jurista, "é a lesão imaterial e psicológica, restritiva dos processos psicológicos de respeito, de dignidade e autonomia".[106] Discorda-se de um aspecto do conceito de dano moral trazido por Marçal Justen Filho, qual seja, a restrição aos processos psicológicos. Na verdade, está sedimentado na jurisprudência que as pessoas jurídicas também são passíveis de sofrer abalo moral e é cediço que não possuem uma psique. Outrossim, a questão foi pacificada pelo Superior Tribunal de Justiça em 1999 por meio da Súmula n. 227: "A pessoa jurídica pode sofrer dano moral".[107] Posteriormente, o próprio Código Civil Brasileiro de 2002 assim previu, em seu art. 52: "Aplica-se às pessoas jurídicas, no que couber, a proteção dos direitos da personalidade".[108] Logo, prefere-se a definição construída por Lucas Rocha Furtado, que também engloba caracteres não psicológicos: o dano moral é aquele que importa em violação da privacidade, intimidade, da honra, da imagem etc.[109]

---

(103) CUNHA JÚNIOR, 2003. p. 284.
(104) JUSTEN FILHO, 2008. p. 951.
(105) VENDRAMEL, 1999. p. 76.
(106) JUSTEN FILHO, 2008. p. 951.
(107) BRASIL. Superior Tribunal de Justiça. Súmula n. 227: A pessoa jurídica pode sofrer dano moral. Segunda Seção. 8 set. 1999. Súmulas /STJ. *Superior Tribunal de Justiça*, Brasília. Disponível em: <http://www.stj.jus.br/SCON/sumulas/doc.jsp?livre=%40docn&&b=SUMU&p=true&t=&l=10&i=228#>. Acesso em: 6 set. 2010.
(108) BRASIL. Lei n. 10.046, de 10 de janeiro de 2002.
(109) FURTADO, 2007. p. 1020.

Quanto às características necessárias, o abalo moral é lesão jurídica, haja vista envolver direito juridicamente tutelado. A Lei Maior consagra, pois, no inciso X de seu art. 5º que "são invioláveis a intimidade, a vida privada, a honra e a imagem das pessoas, assegurado o direito à indenização pelo dano material ou moral decorrente de sua violação".[110] E para ser indenizável também deve ser um dano certo.

Os dois aspectos assinalados por Celso Antônio Bandeira de Mello (dano jurídico e dano certo) são, na visão de Yussef Said Cahali, relativos aos prejuízos advindos de atividades ilícitas. Essas mesmas características também devem aparecer quando se cuidar de atividades lícitas, porém, acrescidas de mais um critério descritivo: o dano deve ser injusto, ou seja, ser anormal e especial.[111] A respeito, Dirley da Cunha Júnior acentua:

> Dano especial é aquele que onera a situação particular de um ou alguns indivíduos, não sendo um prejuízo genérico. Dano anormal é aquele que excede os agravos normais que às vezes incidem sobre o patrimônio do administrado (ex.: a recuperação de uma avenida causa, decerto, alguns transtornos à população, acarretando até alguns prejuízos normais, como a poeira que prejudica a pintura das residências vizinhas).[112]

Compartilha-se desse entendimento que acrescenta mais essa característica ao dano quando se trata da prática de ato lícito. Afinal, se o ato é lícito é porque a pessoa jurídica de direito público ou a pessoa jurídica de direito privado prestadora de serviço público desenvolveu algum comportamento, por meio de seus agentes, autorizado por lei, ainda que causasse alguma restrição ao particular. Por isso é que as lesões decorrentes de atos lícitos e ilícitos não podem ser absolutamente equiparadas.

Visto o dano, passa-se a analisar o segundo requisito para a responsabilização civil do Estado (aplicável também às pessoas jurídicas de direito privado prestadoras de serviço público), qual seja, o **nexo de causalidade**.

Aparecida Vendramel afirma que "Deve haver relação direta entre o antecedente — ato ou omissão administrativa — e o consequente — o dano. O nexo de causalidade existirá sempre que o antecedente, por sua natureza, revelar-se suficiente para desencadear o consequente".[113]

Qualquer que seja a teoria adotada (teoria do risco, teoria do risco integral, teoria do risco administrativo, teoria do risco social), a causa do dano é

---

(110) BRASIL. Constituição da República Federativa do Brasil, de 5 de outubro de 1988.
(111) CAHALI, 2007. p. 68.
(112) CUNHA JÚNIOR, 2003. p. 284.
(113) VENDRAMEL, 1999. p. 82.

pressuposto indispensável da responsabilidade civil estatal e, assim, o prejuízo do particular deve ser consequência da atividade ou omissão administrativa.[114]

Sobre o assunto, Yussef Said Cahali sublinha o entendimento do Supremo Tribunal Federal: "O STF, examinando a *causa* geradora da responsabilidade civil do Estado, manifestou-se no sentido de que a teoria adotada quanto ao nexo de causalidade é a *teoria do dano direto e imediato*, também denominada teoria da interrupção do nexo causal [grifo no original]".[115] Nesse mesmo contexto, acrescenta-se:

> As concausas, ou circunstâncias que antecedem a ação ou omissão, ou apresentam-se depois destas, interferem na cadeia causal, podendo interrompê-la ou desviá-la de seu curso normal, como por exemplo, um atropelamento causado por viatura oficial, cuja vítima venha a falecer depois, em decorrência de erro médico. Neste caso, poderá responsabilizar-se o Estado pela lesão sofrida pela vítima, mas não por sua morte, dada a interrupção do nexo de causalidade.[116]

Logo, "sempre em função das circunstâncias do caso concreto, impende considerar se o dano sofrido pelo particular vincula-se direta e adequadamente ao ato (comissivo ou omissivo) imputado ao agente da Administração".[117]

Convém registrar desde já que existem algumas situações em que o nexo causal é rompido, o que será visto quando do exame das causas excludentes.

O terceiro e último requisito da responsabilidade é a **oficialidade da conduta causal**, ou seja, a qualidade do agente na prática do ato.

Celso Antônio Bandeira de Mello deixa claro que

> não se bipartem Estado e agente (como se fossem representado e representante, mandante e mandatário), mas, pelo contrário, são considerados como uma unidade. A relação orgânica, pois, entre o Estado e o agente não é uma relação externa, constituída exteriormente ao Estado, porém interna, ou seja, procedida na intimidade da pessoa estatal.[118]

E o administrativista citado ainda responde relevante questionamento atrelado ao tema desse trabalho:

> Quem são as pessoas suscetíveis de serem consideradas agentes públicos, cujos comportamentos, portanto, ensejam engajamento da

---

(114) CAHALI, 2007. p. 74.
(115) CAHALI, 2007. p. 75.
(116) VENDRAMEL, 1999. p. 83.
(117) CAHALI, 2007. p. 79.
(118) MELLO. *Curso de Direito Administrativo*, 2009. p. 998.

responsabilidade do Estado? São todas aquelas que — em qualquer nível de escalão — tomam decisões ou realizam atividades da alçada do Estado, prepostas que estão ao desempenho de um mister público (jurídico ou material), isto é, havido pelo Estado como pertinente a si próprio.[119]

Yussef Said Cahali explica que "A palavra 'agente' [...] compreende aquelas pessoas que, de uma forma ou de outra, regular ou irregularmente, se encontram exercendo qualquer atividade inerente ao serviço público".[120] Por sua vez, Sergio Cavalieri Filho aduz que a Constituição da República Federativa do Brasil de 1988, ao utilizar o termo "agente", não deixou dúvidas de que a responsabilidade estatal "subsistirá ainda que se trate de ato praticado por servidor contratado, funcionário de fato ou temporário, qualquer que seja a forma de sua escolha ou investidura".[121]

Pelas lições concernentes ao vocábulo "agente", denota-se que este não é apenas o servidor público, mas sim todas as pessoas que executam atos que interessem à Administração.

Ora, não se olvida que o agente público o é no exercício de sua atividade. Contudo, a pessoa também pratica, no cotidiano, atos fora da condição de agente público, ou seja, atos de caráter particular. Para distinguir os atos particulares é que consta, no § 6º do art. 37 da Constituição da República Federativa do Brasil de 1988, que as pessoas jurídicas de direito público e as de direito privado prestadoras de serviços públicos responderão pelos danos "que seus agentes, nessa qualidade", causarem a terceiros. Atenta-se que não há exigência de que o agente tenha agido no exercício de suas funções, mas nessa qualidade. Sobre a temática em voga, Yussef Said Cahali discorre:

> Em realidade, o que sobreleva para a vinculação da responsabilidade da pessoa jurídica é o fato de ter sido a oportunidade para a prática do ato danoso ensejada pela sua condição de funcionário ou agente da entidade.
>
> Daí o acerto da jurisprudência, no que vem imprimindo maior amplitude à atividade do funcionário, contagiante da responsabilidade civil do Estado; assim, "se o policial fardado, mesmo não estando em serviço, atuou na qualidade de agente do Poder Público, matando alguém, o Estado responde pela respectiva indenização. O fato de ter havido, por parte do policial, abuso no exercício da função pública não afasta a responsabilidade objetiva da Administração. Pelo

---

(119) MELLO. *Curso de Direito Administrativo*, 2009. p. 998.
(120) CAHALI, 2007. p. 82.
(121) CAVALIERI FILHO, 2007. p. 227.

contrário, revela até mesmo a existência de culpa subjetiva in eligendo, o que é mais grave" [TJSP, 3ª Câmara, 16.11.1977, RT 512/204].[122]

Como visto, para haver responsabilização, basta que a condição de agente público tenha contribuído de alguma forma para a prática do evento danoso. É o que também perfilha Aparecida Vendramel:

> Ainda que o agente público atue fora dos parâmetros legais de sua competência, com excesso de poder ou utilizando-se do cargo para facilitar a prática do ato lesivo, tal comportamento, embora não representativo da vontade do Estado, ensejará a responsabilidade da Fazenda Pública. Para configurar-se a responsabilidade estatal, basta que a condição de agente público tenha favorecido para a prática de algum ato danoso [...].[123]

Diante do explanado, constata-se que a oficialidade da conduta do agente fica configurada quando este: "— estiver no exercício das funções públicas; — ainda que não esteja no exercício da função pública, proceda como se estivesse a exercê-la; ou — quando o agente tenha-se valido da qualidade de agente público para agir".[124]

Vistos os requisitos da responsabilização, mister registrar que não é porque se trata de responsabilidade objetiva que as pessoas jurídicas de direito público e pessoas jurídicas de direito privado prestadoras de serviço público terão sempre o dever de indenizar. Existem algumas causas que rompem um dos requisitos imprescindíveis para a responsabilização, qual seja, o nexo de causalidade.

3.3.2. Causas Excludentes

As referidas causas que rompem o nexo de causalidade são chamadas causas excludentes.

Ensina Celso Antônio Bandeira de Mello, ao se referir à responsabilidade objetiva, que "[...] o Estado [e delegatárias] só se exime de responder se faltar o nexo entre seu comportamento comissivo e o dano. Isto é: exime-se apenas se não produziu a lesão que lhe é imputada ou se a situação de risco inculcada a ele inexistiu ou foi sem relevo decisivo para a eclosão do dano".[125]

Maria Sylvia Zanella di Pietro ainda sustenta a existência de causas atenuantes ao afirmar que a responsabilidade não existirá ou incidirá de modo

---

(122) CAHALI, 2007. p. 84-85.
(123) VENDRAMEL, 1999. p. 79-80.
(124) FURTADO, 2007. p. 1026.
(125) MELLO. *Curso de Direito Administrativo*, 2009. p. 1013-1014.

mitigado quando o serviço público não for a causa do dano ou quando não for a única causa, estando aliado a outras circunstâncias. Na primeira hipótese (causas excludentes), a autora elenca a culpa da vítima e a força maior; na segunda (causa atenuante), o caso fortuito.[126]

Dirley da Cunha Júnior também enumera essas três situações — culpa da vítima, força maior e caso fortuito —, porém, coloca-as todas sob a mesma categoria, qual seja, a de causas excludentes. Não obstante, pondera que são causas excludentes somente se obstacularizarem o nexo causal, sob pena de não poderem assim ser qualificadas. Doutra banda, apesar de não indicar o caso fortuito como causa atenuante, o autor citado não olvida da hipótese de atenuação quando defende que a culpa concorrente entre o Estado e a vítima atenua o valor indenizatório.[127] Celso Antônio Bandeira de Mello também doutrina sobre a atenuação do *quantum* indenizatório, "a ser decidido na proporção em que cada qual haja participado para a produção do evento",[128] já que o dano foi resultado de dupla causação ou concausa.

Odete Medauar acrescenta outra causa excludente: a conduta culposa de terceiro.[129]

Marçal Justen Filho, por sua vez, além da culpa da vítima, da culpa de terceiro, do caso fortuito e da força maior, arrola ainda outra hipótese de exclusão da responsabilidade: exercício regular de direito.[130]

Por oportuno, destaca-se que, o que aqui se trata como causa atenuante, para Odete Medauar é causa de exclusão parcial da responsabilidade. Com efeito, a indigitada jurista prefere usar os termos "causas de exclusão total" e "causas de exclusão parcial" da responsabilidade.[131]

Como se vê, a doutrina não é pacífica na enumeração das causas excludentes da responsabilidade. De qualquer forma, no exame do caso concreto, o operador do Direito deve ter em mente que a causa excludente é somente aquela que rompe por completo o liame causal. Se não houver esse pleno desligamento e, concomitantemente, se perceber a concorrência de causas, estar-se-á diante de uma causa atenuante.

Assim, passa-se a uma breve análise sobre as causas excludentes apontadas.

No tocante à **culpa exclusiva da vítima**, ela não basta em si mesma, pois o seu comportamento também deve indicar a ausência de culpa da pessoa jurídica

---

(126) PIETRO, 2006. p. 624.
(127) CUNHA JÚNIOR, 2003. p. 284-285.
(128) MELLO. *Curso de Direito Administrativo*, 2009. p. 1014.
(129) MEDAUAR, 2008. p. 373.
(130) JUSTEN FILHO, 2008. p. 959.
(131) MEDAUAR, 2008. p. 372.

de direito público ou de direito privado prestadora de serviço público. Sobre o assunto, colhe-se esclarecimento de Celso Antônio Bandeira de Mello:

> A culpa do lesado — frequentemente invocada para elidi-la — não é, *em si mesma*, causa excludente. Quando, em casos de acidente de automóveis, demonstra-se que a culpa não foi do Estado, mas do motorista do veículo particular que conduzia imprudentemente, parece que se traz à tona demonstrativo convincente de que a culpa da vítima deve ser causa bastante para elidir a responsabilidade estatal. Trata-se de um equívoco. Deveras, o que se haverá demonstrado, nesta hipótese, é que o *causador do dano* foi a suposta vítima, e não o Estado. Então, o que haverá faltado para instaurar-se a responsabilidade é o *nexo causal*. [...]
>
> De conseguinte, a culpa do lesado não é relevante por ser culpa, mas sê-lo-á unicamente na medida em que através dela se pode ressaltar a inexistência de comportamento estatal produtor do dano. [grifo no original][132]

Odete Medauar giza que a expressão "culpa da vítima" é inadequada, pois nem sempre o lesado age com dolo ou culpa, razão pela qual entende ser mais apropriada a locução "conduta da vítima". E complementa ainda que esta conduta deve ter contribuído para o dano sofrido da seguinte forma: se a vítima teve participação total no evento danoso, a Administração se exime completamente; porém, se o dano decorreu, ao mesmo tempo, de conduta de ambos, esta última responde em parte.[133]

Já a **culpa de terceiro** revela, pela própria terminologia, a existência de um comportamento de pessoa que não seja a vítima, nem o agente público.

Nessa situação, a responsabilidade objetiva das pessoas jurídicas de direito público e de direito privado prestadoras de serviço público não existirá quando a lesão for resultado de ação de terceiro que não seja agente público, exceto nos casos de concorrência de culpa.[134] Entende-se que essa exceção pode ocorrer nos casos em que lhes "incumbia um dever de diligência especial, destinado a impedir a concretização de danos".[135]

A questão da **força maior** e do **caso fortuito** também é delicada, pois a doutrina não é pacífica quanto às suas definições. A tamanha divergência entre seus limites é traduzida por Odete Medauar: "o que para uns é caso fortuito,

---

(132) MELLO. *Curso de Direito Administrativo*, 2009. p. 1014.
(133) MEDAUAR, 2008. p. 373.
(134) GUERRA, 2007. p. 375.
(135) JUSTEN FILHO, 2007. p. 960.

para outros é força maior".⁽¹³⁶⁾ José dos Santos Carvalho Filho já prefere agrupá--los como "fatos imprevisíveis, também chamados de *acaso*, porque são idênticos os seus efeitos".⁽¹³⁷⁾

Marcelo Alexandrino e Vicente Paulo entendem que as melhores definições são as confeccionadas por Maria Sylvia Zanella di Pietro e Celso Antônio Bandeira de Mello e, assim, estabelecem uma diferenciação que se julga ideal para este trabalho:

> [...] temos uma situação de força maior quando estamos diante de um evento externo, estranho a qualquer atuação da Administração que, além disso, deve ser imprevisível e irresistível ou inevitável. Portanto, tanto seria evento de força maior um furacão, um terremoto, como também uma guerra, uma revolta popular incontrolável.
>
> Diversamente, o caso fortuito seria sempre um evento interno, ou seja, decorrente de uma atuação da Administração. O resultado dessa atuação é que seria inteiramente anômalo, tecnicamente inexplicável e imprevisível. Assim, na hipótese de caso fortuito, todas as normas técnicas, todos os cuidados relativos à segurança, todas as providências exigidas para a obtenção de um determinado resultado foram adotadas, mas, não obstante isso, inexplicavelmente, o resultado ocorre de forma diversa do que a prevista e previsível.⁽¹³⁸⁾

Os doutrinadores Marcelo Alexandrino e Vicente Paulo prosseguem o raciocínio e, por fim, concluem que somente as situações que configuram a força maior é que excluem a responsabilidade civil objetiva da Administração Pública e suas delegatárias, haja vista o dano não decorrer de atuação estatal, mas do próprio evento de força maior.⁽¹³⁹⁾ Observa-se, pois, que, ao contrário do que compreende Marçal Justen Filho, as consequências da força maior e do caso fortuito são diversas.

Por fim, no que concerne ao **exercício regular de direito pelo agente estatal** — hipótese arguida por Marçal Justen Filho —, infere-se que não haverá responsabilização se foram observados todos os limites e deveres relativos ao dever de diligência. Se o agente público adotou todas as precauções no cumprimento de seus deveres funcionais e ainda assim vier a ocorrer um ano, não haverá a obrigação de indenizar, presumindo-se, então, que o caso derivou da culpa exclusiva de terceiro ou de caso fortuito ou de força maior.⁽¹⁴⁰⁾

---

(136) MEDAUAR, 2008. p. 372.
(137) CARVALHO FILHO, 2007. p. 486.
(138) ALEXANDRINO; PAULO, 2009. p. 721-722.
(139) ALEXANDRINO; PAULO, 2009. p. 722.
(140) JUSTEN FILHO, 2008. p. 960.

É impossível não se aperceber da semelhança entre a situação do exercício regular do direito e a descrição de caso fortuito promovida por Marcelo Alexandrino e Vicente Paulo, bem como das conclusões extremas: para estes, o caso fortuito não é causa excludente; para Marçal Justen Filho, o exercício regular do direito é sim causa excludente e, ainda, não se confunde com o caso fortuito ou força maior.

Em que pesem as divergências doutrinárias, entende-se que, para excluir a responsabilidade objetiva das pessoas jurídicas de direito público e das pessoas jurídicas de direito privado prestadoras de serviço público, não é relevante o encaixe perfeito de um caso concreto em uma das hipóteses impostas de causa excludente. Na verdade e consoante já exposto, pensa-se que o ideal é a análise das peculiaridades de cada caso para verificar se aquela situação determinada provocou o completo rompimento do nexo de causalidade entre o dano e o comportamento. Se houve essa total ruptura, não haverá a responsabilização; se não houver, é indiscutível a ocorrência do dever de indenizar.

E, abordando-se a questão do dever de indenizar, passa-se ao cerne deste trabalho, relativo à situação específica da responsabilidade civil das pessoas jurídicas de direito privado prestadoras de serviços públicos perante o terceiro não usuário do serviço.

4

A RESPONSABILIDADE CIVIL DAS PESSOAS JURÍDICAS DE DIREITO PRIVADO PRESTADORAS DE SERVIÇO PÚBLICO EM RELAÇÃO AO TERCEIRO NÃO USUÁRIO DO SERVIÇO

Como visto, as pessoas jurídicas de direito privado — aqui entendidas as concessionárias e permissionárias — podem prestar serviços públicos, mediante delegação estatal, e são responsáveis pelos prejuízos que seus agentes, nessa qualidade, provocarem a terceiros na execução desses serviços.

Com o advento do § 6º do art. 37 da Constituição da República Federativa do Brasil de 1988, uma das grandes dúvidas foi esclarecida: a responsabilidade civil das delegatárias, assim como a do Estado, é objetiva.

Não obstante consagrada constitucionalmente a responsabilidade objetiva das pessoas jurídicas de direito privado prestadoras de serviços públicos, outras discussões afloraram a partir do mencionado dispositivo legal.

Um dos questionamentos concerne à responsabilidade do Poder Público em relação aos danos causados na prestação de serviços pelas delegatárias: estaria o Estado isento de qualquer responsabilidade nesse caso?

Outra indagação de maior relevância é pertinente à abrangência do vocábulo "terceiro" contido no dispositivo constitucional apontado, a qual configura problemática central desta pesquisa: a responsabilidade das pessoas jurídicas de direito privado prestadoras de serviços públicos é objetiva também em relação ao não usuário desse serviço?

Sem assomo de dúvidas, a responsabilidade civil das delegatárias é objetiva perante o usuário do serviço público por elas prestado. Entretanto, o mesmo não ocorria em relação ao não usuário; havia/há posicionamentos de que a responsabilidade seria/é subjetiva, ou seja, demandaria/demanda a prova da culpa. Até exsurgir o Recurso Extraordinário (RE) 591.874, assim também entendia o Supremo Tribunal Federal que, então, alterou sua orientação ao analisar o alcance da palavra "terceiro".

Neste capítulo, pois, será examinada, inicialmente, a responsabilidade civil das pessoas jurídicas de direito privado prestadoras de serviço público perante o usuário desse serviço, verificando-se também a articulação com a situação do Estado, para, ao final, adentrar-se ao cerne deste trabalho: a responsabilidade civil das delegatárias perante o não usuário dos serviços por elas prestados, avaliando-se a extensão da palavra "terceiro" no § 6º do art. 37 da Constituição da República Federativa do Brasil de 1988, não se olvidando da análise do Recurso Extraordinário 591.874.

4.1. A Responsabilidade Civil das Pessoas Jurídicas de Direito Privado Prestadoras do Serviço Público Perante o Usuário desse Serviço e a Relação com o Estado

No primeiro capítulo, foi registrado que os serviços públicos não são prestados, necessariamente, pelas pessoas jurídicas de direito público. O Estado pode delegar a sua execução a pessoas jurídicas de direito privado. Trata-se, pois, da transferência da titularidade da prestação, permanecendo o Estado, porém, com a titularidade do serviço.

Independentemente de quem exerça as atividades de prestação de serviço público, fato é que, em razão do titular do serviço (Estado) e do interesse público, o regime jurídico aplicável é o de direito público. Com efeito, "a atividade desenvolvida com o escopo de atender ao interesse da coletividade, executada direta ou indiretamente pela Administração, manterá sua submissão ao regime de direito público".[141] E no tocante às delegatárias isso fica claramente evidenciado, já que "são verdadeira *longa manus* do Poder Público"[142] ou, nas palavras de Yussef Said Cahali, "com a delegação, a entidade delegada como que se 'publiciza'".[143] Desta feita, conclui-se que

> A transferência da atribuição de executar um serviço público implica a submissão das pessoas jurídicas de direito privado (concessionárias, permissionárias ou autorizatárias) às mesmas regras de responsabilidade extracontratual do Poder Público, quando se verificar a ocorrência de danos decorrentes da prestação do serviço, uma vez que atuam como seus substitutos.[144]

Nesse passo, o § 6º do art. 37 da Constituição da República Federativa do Brasil de 1988 inovou em comparação às Constituições anteriores ao sedimentar

---

(141) SANTANA, Alexandre Ávalo. Aspectos polêmicos sobre a responsabilidade civil na prestação do serviço público (implicações decorrentes da delegação). *Jus Vigilantibus*. Disponível em: <http://jusvi.com/artigos/37995>. Acesso em: 22 maio 2010.
(142) CARVALHO FILHO, 2007. p. 336.
(143) CAHALI, 2007. p. 129.
(144) SANTIAGO, Edna Ribeiro. Responsabilidade da pessoa jurídica de direito privado prestadora de serviço público em relação aos não-usuários do serviço. *Jus Navigandi*, Teresina, ano 12, n. 1782, 18 maio 2008. Disponível em: <http://jus2.uol.com.br/doutrina/texto.asp?id=11198>. Acesso em: 22 maio 2010.

a responsabilidade objetiva também das pessoas jurídicas de direito privado quanto aos danos que seus agentes, nessa qualidade, causarem a terceiros na prestação do serviço público.

Parte da doutrina, no entanto, já defendia, ainda antes do advento da Carta Constitucional de 1988, tal responsabilização objetiva das pessoas jurídicas de direito privado prestadoras de serviço público. E a justificativa para tanto, consoante observa Sergio Cavalieri Filho, era que "quem tem os *bônus* deve também suportar os *ônus*. Aquele que participa da Administração Pública, que presta serviços públicos, usufruindo os benefícios dessa atividade, deve suportar os seus riscos, deve responder em igualdade de condição com o Estado em nome de quem atua".[145] No mesmo diapasão, enfatiza Alexandre Ávalo Santana em lição também aplicável às permissionárias:

> em razão de sua condição, o concessionário que presta o serviço público, assume a obrigação de responder pelos compromissos assumidos e pelos danos que vierem a causar a terceiro ou ao próprio Poder Público. É assim porque quem assume certas obrigações deve por elas responder de forma suficiente. Seria no mínimo incongruente se o Poder Público, ao delegar a concessão de um serviço ao particular, neste ato, tão somente, disponibilizasse direitos e vantagens, permanecendo direta e solidariamente responsável pelos atos do concessionário, aspecto que certamente afrontaria os princípios da indisponibilidade e da supremacia do interesse público sobre o privado. Logo, ao concessionário, além dos direitos e prerrogativas, também cabem os deveres, e os eventuais riscos, devendo este arcar com o ônus decorrente de sua atividade.[146]

Transferida a prestação do serviço público a uma delegatária, a responsabilidade por atos decorrentes dessa prestação a acompanha naturalmente e segue a mesma natureza. Por isso, a responsabilidade dos entes delegados desse serviço é a mesma a que está sujeita o Poder Público na hipótese de realizá-lo diretamente.[147]

Sendo objetiva a responsabilidade civil das concessionárias e permissionárias pelas razões expostas, aplicam-se os mesmos pressupostos e causas excludentes da responsabilidade extracontratual do Estado, esmiuçadas no capítulo anterior.

De qualquer modo, em razão do texto constitucional vigente, cabe ressaltar que não se constataram controvérsias doutrinárias no tocante à responsabilidade

---

(145) CARVALHO FILHO, 2007. p. 234.
(146) SANTANA.
(147) OLIVEIRA, Ruth Helena Pimentel de. *Entidades prestadoras de serviços públicos e responsabilidade extracontratual*. São Paulo: Atlas, 2003. p. 204-205.

objetiva da pessoa jurídica de direito privado prestadora de serviço público em relação aos usuários do serviço. Edna Ribeiro Santiago explica que isso se deve ao fato de existir uma relação jurídica contratual entre eles.[148] Para exemplificar, ilustra-se a situação que segue.

Um determinado Município delega, por concessão ou permissão, a uma empresa de transportes (pessoa jurídica de direito privado) o serviço público de transporte coletivo. Vários ônibus da delegatária são postos em circulação para a prestação desse serviço público, realizando várias linhas. Uma pessoa física precisa se locomover de um ponto da cidade para outro e, então, se utiliza do serviço, optando por uma das linhas. Ao embarcar no ônibus, a pessoa torna-se usuária do serviço, pois evidentemente se formou a relação jurídica contratual. Diferentemente ocorre com um pedestre: este não se utiliza do serviço, portanto, não há celebração de contrato com a delegatária.

O trajeto é feito de modo regular, porém, ao desembarcar do veículo, o motorista (agente nessa qualidade) não teve a cautela necessária, seguindo em frente sem aguardar o passageiro descer totalmente do ônibus. Assim, o usuário cai do ônibus e quebra um dos braços, além de ter várias escoriações. Nesse caso, não há divergência: a pessoa jurídica de direito privado prestador do serviço público de transporte coletivo municipal responderá objetivamente pelos danos causados ao usuário do serviço, por força do §6º do art. 37 da Constituição da República Federativa do Brasil de 1988.

Na jurisprudência, também não há discussões sobre a responsabilidade objetiva das delegatárias perante o usuário do serviço público por elas prestado.

Colhe-se, pois, do Superior Tribunal de Justiça:

CIVIL E PROCESSUAL. RECURSO ESPECIAL. ACIDENTE. RODOVIA. ANIMAIS NA PISTA. RESPONSABILIDADE OBJETIVA. CONCESSIONÁRIA DE SERVIÇO PÚBLICO. SEGURANÇA. VEÍCULOS. DEVER DE CUIDAR E ZELAR. DENUNCIAÇÃO À LIDE.

INCABIMENTO. PRECEDENTES. RECURSO ESPECIAL NÃO CONHECIDO.

I. Cabe às concessionárias de rodovia zelar pela segurança das pistas, respondendo civilmente, de consequência, por acidentes causados aos usuários em razão da presença de animais na pista.

II. Denunciação à lide corretamente negada, por importar em abertura de contencioso paralelo, estranho à relação jurídica entre o usuário e a concessionária.

III. Recurso especial não conhecido.[149]

---

(148) SANTIAGO, 2008.
(149) BRASIL. Superior Tribunal de Justiça. CIVIL E PROCESSUAL. RECURSO ESPECIAL. ACIDENTE. RODOVIA. ANIMAIS NA PISTA. RESPONSABILIDADE OBJETIVA. CONCESSIONÁRIA DE SERVIÇO PÚBLICO. SEGURANÇA. VEÍCULOS. DEVER DE CUIDAR E ZELAR. DENUNCIAÇÃO À LIDE. INCABIMENTO. PRECEDENTES. RECURSO ESPECIAL NÃO CONHECIDO. I. Cabe às concessionárias de rodovia zelar pela segurança das pistas, respondendo civilmente, de consequência, por acidentes causados aos usuários em razão da presença de animais na pista. II. Denunciação à

Atenta-se que, no caso retratado, não houve qualquer excludente da responsabilidade que rompesse o nexo causal. A concessionária da rodovia tinha o dever de manutenção das pistas para evitar acidentes, o que inclui a presença de animais na via que possa colocar em risco a segurança do usuário. Portanto, é nítida a responsabilidade objetiva.

Apresenta-se ainda do Superior Tribunal de Justiça:

AGRAVO REGIMENTAL. AGRAVO DE INSTRUMENTO. CONCESSIONÁRIA DE SERVIÇO PÚBLICO. RELAÇÃO COM O USUÁRIO. DEFEITO NA PRESTAÇÃO DO SERVIÇO.

RESPONSABILIDADE OBJETIVA. CONFIGURAÇÃO DO NEXO CAUSAL. REEXAME DE PROVA. SÚMULA N. 7/STJ. DECISÃO AGRAVADA MANTIDA POR SEUS PRÓPRIOS FUNDAMENTOS.

1. As concessionárias de serviços rodoviários, nas suas relações com os usuários, respondem objetivamente por qualquer defeito na prestação do serviço e pela manutenção da rodovia em todos os aspectos, o que inclui objetos deixados na pista. Precedente.

2. Se o acórdão recorrido, com base nos elementos de convicção dos autos, conclui pela inexistência de qualquer elemento seguro capaz de romper o nexo causal entre os danos sofridos pelo demandante e a sua atividade, o exame da matéria, nesta sede, resta obstado pela Súmula n. 7/STJ.

3. Da leitura das razões expendidas na petição de agravo regimental não se extrai argumentação relevante apta a afastar os fundamentos do julgado ora recorrido. Destarte, nada havendo a retificar ou acrescentar na decisão agravada, deve esta ser mantida por seus próprios e jurídicos fundamentos.

4. Agravo regimental desprovido.[150]

---

lide corretamente negada, por importar em abertura de contencioso paralelo, estranho à relação jurídica entre o usuário e a concessionária. III. Recurso especial não conhecido. Recurso Especial (REsp) 573.260. Coviplan Concessionária Rodoviária do Planalto SD A e Dilles Carmelina Biolchi. Relator: Min. Aldir Passarinho Junior. 27 out. 2009. Jurisprudência: jurisprudência/STJ. *Superior Tribunal de Justiça*, Brasília. Disponível em: <https://ww2.stj.jus.br/revistaeletronica/Abre_Documento.asp?sSeq=923360&sReg=200301272313&sData=20091109&formato=HTML>. Acesso em: 27 maio 2010.
(150) BRASIL. Superior Tribunal de Justiça. AGRAVO REGIMENTAL. AGRAVO DE INSTRUMENTO. CONCESSIONÁRIA DE SERVIÇO PÚBLICO. RELAÇÃO COM O USUÁRIO. DEFEITO NA PRESTAÇÃO DO SERVIÇO. RESPONSABILIDADE OBJETIVA. CONFIGURAÇÃO DO NEXO CAUSAL. REEXAME DE PROVA. SÚMULA 7/STJ. DECISÃO AGRAVADA MANTIDA POR SEUS PRÓPRIOS FUNDAMENTOS. 1. As concessionárias de serviços rodoviários, nas suas relações com os usuários, respondem objetivamente por qualquer defeito na prestação do serviço e pela manutenção da rodovia em todos os aspectos, o que inclui objetos deixados na pista. Precedente. 2. Se o acórdão recorrido, com base nos elementos de convicção dos autos, conclui pela inexistência de qualquer elemento seguro capaz de romper o nexo causal entre os danos sofridos pelo demandante e a sua atividade, o exame da matéria, nesta sede, resta obstado pela Súmula n. 7/STJ. 3. Da leitura das razões expendidas na petição de agravo regimental não se extrai argumentação relevante apta a afastar os fundamentos do julgado ora recorrido. Destarte, nada havendo a retificar ou acrescentar na decisão agravada, deve esta ser mantida por seus próprios e jurídicos fundamentos. 4. Agravo regimental desprovido. Agravo Regimental no Agravo de Instrumento (AgRg no Ag) 933.520. Metrovias SD A Concessionária de Rodovias e Rudi Lakes Oliveira. Relator: Min. Fernando Gonçalves. 29 set. 2009. Jurisprudência: jurisprudência/STJ. *Superior Tribunal de Justiça*, Brasília. Disponível em: <https://ww2.stj.jus.br/revistaeletronica/Abre_Documento.asp?sSeq=916028&sReg=200701767818&sData=20091019&formato=HTML>. Acesso em: 27 maio 2010.

Nessa situação, novamente se nota a responsabilidade objetiva das concessionárias de serviços rodoviários frente ao usuário.

Contudo, o § 6º do art. 37 da Constituição da República Federativa do Brasil de 1988 não deixa expresso se o Estado, que delega a prestação dos serviços públicos, fica isento de qualquer responsabilidade pelos danos causados pelas delegatárias na execução desses serviços. O Estado, pois, não responderia nem nos casos de falta de fiscalização da prestação do serviço público? E quando o Poder Público fixa de forma deficiente ou deixa de fixar cláusulas de organização e funcionamento dos serviços públicos que delega? O que dizer ainda se a pessoa jurídica de direito privado prestadora de serviço público estiver em estado de insolvência? Não existe responsabilidade subsidiária do Poder que delega?

Lucas Rocha Furtado pondera que os prejuízos provocados pelas pessoas jurídicas de direito privado prestadoras de serviço público "podem ensejar responsabilidade da própria concessionária [ou permissionária] ou do poder público concedente. A razão para que um ou que o outro sejam responsabilizados é distinta. Não há que se falar, em qualquer caso, em responsabilidade subsidiária do poder público".[151] A propósito, a responsabilidade subsidiária pode ser traduzida no seguinte raciocínio: "Somente quando esgotados os recursos dessas entidades delegadas é que o Estado poderá ser demandado pelo usuário ou terceiro prejudicados".[152]

Visto isso, reza o parágrafo único do art. 31 da Lei n. 8.987/1995: "As contratações, inclusive de mão de obra, feitas pela concessionária serão regidas pelas disposições de direito privado e pela legislação trabalhista, não se estabelecendo qualquer relação entre os terceiros contratados pela concessionária e o poder concedente".[153] Isso significa que o poder concedente não assume responsabilidade (seja direta ou subsidiária) pelos atos normais de gestão praticados pela concessionária[154] — também se aplica à permissionária. A respeito, Ruth Helena Pimentel de Oliveira comenta:

> [...] para que seja instaurada a responsabilidade objetiva dos entes prestadores de serviço público, é necessário que o dano esteja ligado a uma atividade de desempenho ou de prestação do serviço concedido. Qualquer prejuízo provocado por atividade do concessionário desvinculada da prestação do serviço não é informado pela responsabilidade objetiva, nos moldes do mencionado dispositivo constitucional [§ 6º do art. 37], mas rege-se pelas normas de responsabilidade do direito privado.[155]

---

(151) FURTADO, 2007. p. 1035.
(152) OLIVEIRA, 2003. p. 215.
(153) BRASIL. Lei n. 8.987, de 13 de fevereiro de 1995.
(154) FURTADO, 2007. p. 581.
(155) OLIVEIRA, 2003. p. 207.

Ademais, a fiscalização realizada pelo poder concedente também não afasta a responsabilidade da delegatária quanto aos danos causados a este. É o que dispõe o *caput* do art. 25 da Lei n. 8.987/1995: "Incumbe à concessionária a execução do serviço concedido, cabendo-lhe responder por todos os prejuízos causados ao poder concedente, aos usuários ou a terceiros, sem que a fiscalização exercida pelo órgão competente exclua ou atenue essa responsabilidade".[156] Desse dispositivo, Lucas Rocha Furtado elenca duas conclusões: "— a concessionária responde integralmente por todos os danos que cause na prestação do serviço; — falhas na fiscalização do poder concedente não excluem ou atenuam a responsabilidade da concessionária".[157]

Há casos, porém, em que o poder concedente não exerce sua obrigação de fiscalizar ou o faz de forma insatisfatória, vindo a atividade exercida pela delegatária causar danos. Nessa situação, poder-se-ia livrar o Estado de toda e qualquer responsabilização? A resposta é negativa, conforme cátedra de Lucas Rocha Furtado ao salientar que uma das principais obrigações do poder concedente é a fiscalização, bem como a intervenção na concessão ou permissão para garantir a qualidade do serviço prestado. Logo, se a ação ou omissão do poder público nesse sentido causar um dano a particular, aquele deverá responder nos termos do § 6º do art. 37 da Constituição da República Federativa do Brasil de 1988.[158] O jurista ainda aponta um exemplo, com posterior explicação, que permite averiguar melhor a questão:

> Exemplo: por falta de fiscalização do poder concedente, empresa concessionária de transporte aéreo de passageiros funciona sem as mínimas condições de segurança e ocorre acidente aéreo. Indiscutível a responsabilidade da empresa concessionária. Igualmente indiscutível que se for demonstrado o nexo de causalidade entre o dano sofrido por particular e a ação ou omissão do poder público, este também responde.
>
> O exemplo acima demonstra que a responsabilidade do poder concedente não é subsidiária, mas direta. O particular que venha a sofrer dano, querendo, pode demandar apenas contra o poder público, alegando falha ou falta do serviço que lhe incumbe. Se preferir, pode pedir ressarcimento do próprio concessionário que lhe causou o dano, ou de ambos, em litisconsórcio facultativo. Ainda que resultante de fontes diversas — a responsabilidade da concessionária decorre do ato (ação ou omissão) que venha causar prejuízo ao usuário; e a responsabilidade do poder concedente está vinculada à falta do serviço

---

(156) BRASIL. Lei n. 8.987, de 13 de fevereiro de 1995.
(157) FURTADO, 2007. p. 1038.
(158) FURTADO, 2007. p. 581.

ou má qualidade do serviço relacionado à fiscalização —, haverá, nesta hipótese, responsabilidade solidária entre o poder concedente e a concessionária.[159]

A responsabilidade do poder concedente em razão da ausência ou falha da fiscalização parece ser, à primeira vista, subsidiária, mas não o é. Trata-se de responsabilidade direta do concedente justamente porque decorrente de um dever que lhe incumbia (dever de fiscalizar e intervir).

Outrossim, quando o dano causado surge por força das cláusulas de organização e funcionamento dos serviços públicos delegados, fixadas (ou nem sequer fixadas) pelo poder concedente, este também responde e de forma direta. Nessa vereda, perfilha Ruth Helena Pimentel de Oliveira:

> Se o concessionário e o permissionário aceitam essas cláusulas regulamentares, fixadas pelo Poder Concedente, parece evidente que as referidas entidades delegadas não devem responder perante os usuários e terceiros, caso algum dano lhes tenha sido ocasionado em decorrência de uma condição imposta pela Administração Concedente, apesar de ligada à prestação do serviço delegado.
>
> É o Poder Público Concedente que responde diretamente pelos danos que causar aos usuários em decorrência das cláusulas de organização e funcionamento do serviço (ou da falta delas), pois essa é uma obrigação que lhe é própria no regime de concessão de serviços públicos. Nesta hipótese, a *responsabilidade é direta e objetiva*, sendo desnecessária a configuração da culpa na conduta estatal, bastando o nexo causal entre o evento danoso e a atividade do Poder Concedente. [grifo no original][160]

O Estado também responde, porém, subsidiariamente, quando a delegatária for insolvente, mas apenas quanto aos prejuízos causados em decorrência do serviço delegado. É o que ensina Celso Antônio Bandeira de Melo, sob o fundamento de que "o dano foi efetuado por quem agia *no lugar do Estado* e só pôde ocorrer em virtude de estar o concessionário no exercício de atividade e poderes incumbentes ao concedente". [grifo no original][161] No mesmo sentido, Ruth Helena Pimentel de Oliveira defende: "Como o serviço continua sendo público, de titularidade estatal, o Poder Público não pode escapar das consequências advindas da prestação indireta do serviço, em caso de falência do concessionário ou do permissionário".[162]

---

(159) FURTADO, 2007. p. 581-582.
(160) OLIVEIRA, 2003. p. 210.
(161) MELO, 2009. p. 751.
(162) OLIVEIRA, 2003. p. 214-215.

Lucas Rocha Furtado discorda expressamente dessa orientação, sob o argumento de que as razões da responsabilização da delegatária e do poder concedente são distintas, não podendo ser confundidas, não importando a questão da insolvência:

> Pelos atos praticados pela concessionária que causem prejuízos aos particulares responde ela (concessionária ou permissionária do serviço), não assumindo do Estado, como regra, responsabilidade alguma. Os delegatários de serviço público atuam em nome próprio e seus atos e omissões ensejam responsabilidade exclusivamente para suas pessoas.
>
> [...]
>
> A responsabilidade do Estado (concedente) deve ser questionada nas hipóteses em que ele tenha falhado no desempenho do dever básico que a lei lhe impõe: o dever de fiscalizar a prestação do serviço. Se o delegatário do serviço público presta serviços sem atender às condições técnicas ou materiais minimamente necessárias à prestação do serviço adequado (Lei n. 8.987/95, art. 6º), resta evidente a falha ou falta de fiscalização. Nestas situações, o poder público concedente deve ser responsabilizado.[163]

Diante do explanado, observa-se que nem sempre o Poder Público estará livre de ser responsabilizado quando houver um dano causado por uma delegatária. Todavia, sempre haverá a responsabilização da pessoa jurídica de direito privado prestadora de serviço público que, no exercício dessa prestação, causar dano ao usuário do serviço. Tal responsabilidade civil é objetiva e direta. A unanimidade de entendimentos da responsabilização frente aos prejuízos motivados ao usuário pelas delegatárias não se verifica, porém, no tocante ao não usuário do serviço público por elas prestado, o que se verá a seguir.

4.2. O Recurso Extraordinário 591.874 e a Responsabilidade Civil das Pessoas Jurídicas de Direito Privado Prestadoras do Serviço Público Perante o não usuário desse Serviço

Se em relação ao usuário do serviço público não há dúvidas acerca da responsabilidade objetiva das delegatárias, o mesmo não se pode/podia afirmar no tocante ao não usuário.

O Supremo Tribunal Federal posicionava-se pela responsabilidade civil subjetiva das pessoas jurídicas de direito privado prestadoras do serviço público

---

(163) FURTADO, 2007. p. 1036.

perante o terceiro não usuário desse serviço, entendimento este que foi alterado com o julgamento do Recurso Extraordinário 591.874. Não obstante, ainda antes desse julgamento, já havia doutrinadores que partilhavam o pensamento de que a responsabilidade das delegatárias frente ao não usuário do serviço é objetiva assim como ocorre em relação ao usuário.

Destarte, é oportuno um breve estudo do Recurso Extraordinário 591.874 para, em seguida, verificar as ideias que lhe antecederam e sobrevieram.

4.2.1. O Recurso Extraordinário 591.874[164]

Na origem, trata-se de ação de reparação de danos morais e materiais ajuizada por Justa Servin de Franco e outra demandante (não nominada no acórdão) em face da Viação São Francisco Ltda. Como causa de pedir, tem-se o óbito do companheiro de Justa e pai da outra autora, decorrente de acidente de trânsito ocorrido em 14.11.1998, na cidade de Campo Grande — Mato Grosso do Sul, cuja culpa é atribuída à demandada.

A Viação São Francisco Ltda. é pessoa jurídica de direito privado prestadora do serviço público de transporte coletivo por meio de ônibus. Assim, no exercício diário de sua atividade, a empresa colocou sua frota de ônibus para trafegar. Um dos ônibus da concessionária atropelou a vítima, que conduzia sua bicicleta pela via pública — portanto, não era usuário do serviço público de transporte coletivo. Consta que o ônibus vinha por uma ladeira a 18 km/h, em velocidade inferior ao máximo permitido de 40 km/h, e a vítima estava ao lado com a bicicleta, sendo atingida e ocasionando o seu falecimento. Por conseguinte, a companheira e a filha do *de cujus* ingressaram com a referida demanda indenizatória.

Da sentença proferida no primeiro grau de jurisdição houve recurso de apelação, o qual foi provido, recebendo a seguinte ementa:

---

(164) Como todo o tópico é baseado no RE 591.874/MS, faz-se uma única referência em nota de rodapé. BRASIL. Supremo Tribunal Federal. CONSTITUCIONAL. RESPONSABILIDADE DO ESTADO. ART. 37, § 6º, DA CONSTITUIÇÃO. PESSOAS JURÍDICAS DE DIREITO PRIVADO PRESTADORAS DE SERVIÇO PÚBLICO. CONCESSIONÁRIO OU PERMISSIONÁRIO DO SERVIÇO DE TRANSPORTE COLETIVO. RESPONSABILIDADE OBJETIVA EM RELAÇÃO A TERCEIROS NÃO USUÁRIOS (sic) DO SERVIÇO. RECURSO DESPROVIDO. I — A responsabilidade civil das pessoas jurídicas de direito privado prestadoras de serviço público é objetiva relativamente a terceiros usuários e não usuários (sic) do serviço, segundo decorre do art. 37, § 6º, da Constituição Federal. II — A inequívoca presença do nexo de causalidade entre o ato administrativo e o dano causado ao terceiro não usuário (sic) do serviço público (sic) é condição suficiente para estabelecer a responsabilidade objetiva da pessoa jurídica de direito privado. III —Recurso extraordinário desprovido. Recurso Extraordinário (RE) 591.874. Viação São Francisco Ltda. e Justa Servin Franco. Relator: Min. Ricardo Lewandowski. 26 ago. 2009. Jurisprudência: pesquisa de jurisprudência. *Supremo Tribunal Federal*, Brasília, 01 maio 2010. Disponível em: <http://www.stf.jus.br/portal/jurisprudencia/listarJurisprudencia.asp?s1=(591874.NUME.%20OU%20591874.ACMS.)&base=baseAcordaos>. Acesso em: 01 maio 2010.

APELAÇÃO CÍVEL. AÇÃO DE REPARAÇÃO DE DANOS. ACIDENTE ENVOLVENDO CICLISTA E ÔNIBUS DA EMPRESA DE TRANSPORTE COLETIVO. RESPONSABILIDADE OBJETIVA. OBRIGAÇÃO DE INDENIZAR. DANO MATERIAL NÃO COMPROVADO. DANO MORAL INDEPENDENTE DE PROVA. RECURSO PROVIDO PARA JULGAR PROCEDENTES EM PARTE OS PEDIDOS INICIAIS.

1. À míngua de prova de que o acidente envolvendo ciclista e ônibus de empresa de transporte coletivo, com morte do ciclista, deu-se por caso fortuito, força maior ou por culpa exclusiva da vítima, a empresa responderá objetivamente pelo dano, seja por se tratar de concessionária de serviço público, seja em virtude do risco inerente à sua atividade.

2. Inexistindo prova de que a vítima fatal de acidente de trânsito desenvolvia atividade remunerada, tem-se por improcedente o pedido de pensão alimentícia formulado pela companheira e pela filha.

3. O sofrimento decorrente do sinistro que acarretou a morte do companheiro e pai independe de qualquer atividade probatória e permite condenar a empresa de transporte coletivo a indenizar a família pela dor causada.

Nota-se que, mesmo não sendo a vítima fatal usuária do serviço público de transporte coletivo, a corte do Tribunal de Justiça do Estado do Mato Grosso do Sul posicionou-se pela responsabilidade objetiva da concessionária.

Inconformada, a Viação São Francisco Ltda., com base no art. 102, III, "a", da Constituição da República Federativa do Brasil de 1988,[165] apresentou recurso extraordinário, o qual recebeu o n. 591.874-2. O fundamento do aludido reclamo foi a violação aos arts. 37, § 6º, e 93, IX,[166] da Lei Maior, sendo que a recorrente sustentou, em síntese, a inaplicabilidade da responsabilidade objetiva pelo fato de a vítima do acidente não ser usuária do serviço.

Nos termos do § 3º do art. 102 da Constituição da República Federativa do Brasil de 1988,[167] a Viação São Francisco Ltda. demonstrou a repercussão geral das questões constitucionais discutidas no caso. O Supremo Tribunal Federal, por sua vez, reconheceu a repercussão geral em 23.10.2008 e prolatou a seguinte ementa:

---

(165) "Art. 102. Compete ao Supremo Tribunal Federal, precipuamente, a guarda da Constituição, cabendo-lhe: [...] III — julgar, mediante recurso extraordinário, as causas decididas em única ou última instância, quando a decisão recorrida: a) contrariar dispositivo desta Constituição; [...]." BRASIL. Constituição da República Federativa do Brasil, de 5 de outubro de 1988.
(166) "Art. 93. Lei complementar, de iniciativa do Supremo Tribunal Federal, disporá sobre o Estatuto da Magistratura, observados os seguintes princípios: [...] IX todos os julgamentos dos órgãos do Poder Judiciário serão públicos, e fundamentadas todas as decisões, sob pena de nulidade, podendo a lei limitar a presença, em determinados atos, às próprias partes e a seus advogados, ou somente a estes, em casos nos quais a preservação do direito à intimidade do interessado no sigilo não prejudique o interesse público à informação; [...]." BRASIL. Constituição da República Federativa do Brasil, de 5 de outubro de 1988.
(167) "No recurso extraordinário o recorrente deverá demonstrar a repercussão geral das questões constitucionais discutidas no caso, nos termos da lei, a fim de que o Tribunal examine a admissão do recurso, somente podendo recusá-lo pela manifestação de dois terços de seus membros." BRASIL. Constituição da República Federativa do Brasil, de 5 de outubro de 1988.

CONSTITUCIONAL. RESPONSABILIDADE OBJETIVA. ART. 37, § 6º, DA CONSTITUIÇÃO. PESSOAS JURÍDICAS DE DIREITO PRIVADO PRESTADORAS DE SERVIÇO PÚBLICO EM RELAÇÃO A TERCEIROS NÃO USUÁRIOS DO SERVIÇO. REPERCUSSÃO GERAL RECONHECIDA.

As recorridas ofertaram contrarrazões, defendendo a responsabilidade objetiva e a inocorrência de excludentes, mais especificamente, de caso fortuito, força maior ou culpa exclusiva da vítima.

A Presidência coube ao Ministro Gilmar Mendes e, à sessão, estavam presentes os Ministros Celso de Mello, Marco Aurélio, Ellen Gracie, Cezar Peluso, Carlos Britto, Eros Grau, Ricardo Lewandowski e Cármen Lúcia. Roberto Monteiro Gurgel Santos atuou como Procurador-Geral da Repúlica.

Na Sessão Plenária, pois, o Procurador-Geral da República manifestou-se, oralmente, pelo desprovimento do recurso.

O relator, Ministro Ricardo Lewandowski, deixou clara a delimitação da questão constitucional discutida no recurso extraordinário, qual seja, a aquilatação do alcance do art. 37, § 6º, da Constituição da República Federativa do Brasil de 1988, no tocante à extensão da teoria da responsabilidade objetiva à pessoa jurídica de direito privado, prestadora de serviço público, em relação a terceiro que não ostenta a condição de usuário do serviço por ela prestado.

Prosseguiu o relator tecendo um breve histórico acerca da responsabilidade do Estado, elencando as teorias e indicando os posicionamentos adotados nas Constituições do Brasil. Ponderou que a Constituição da República Federativa do Brasil de 1988, em seu art. 37, § 6º, adotou a responsabilidade objetiva tanto do Estado quanto da pessoa jurídica de direito privado prestadora de serviço público, em relação a terceiros. E enfocou o relator que a discussão do recurso extraordinário consiste em verificar se a locução "terceiros", abrigada no referido dispositivo constitucional, abrange também a pessoa que não se utiliza do serviço público.

Nesse passo, o relator salientou que a matéria já foi objeto de exame pelo Supremo Tribunal Federal em ocasiões anteriores, a exemplo do RE 262.651/SP, de relatoria do Ministro Carlos Velloso, julgado em 2004, em que prevalecera o entendimento de que a responsabilidade civil das pessoas jurídicas prestadoras de serviço público é objetiva, não se estendendo a pessoas que não sejam usuárias do serviço. No referido recurso extraordinário, foram vencidos os Ministros Joaquim Barbosa e Celso de Mello. O relator ainda indicou outro recurso extraordinário (RE 459.749/PE), de relatoria do Ministro Joaquim Barbosa, que se manifestou pela responsabilidade objetiva mesmo para os terceiros não usuários do serviço. Atentou, todavia, que o julgamento desse recurso extraordinário não fora concluído em razão de acordo superveniente entre as partes.

Citando o autor Celso Bandeira de Mello, o relator, Ministro Ricardo Lewandowski, compartilhou do entendimento de que o art. 37, § 6º, da Constituição da República Federativa do Brasil de 1988, não fez distinção quanto à qualificação do sujeito passivo do dano, não exigindo a condição de usuário. Invocou o brocardo jurídico *ubi lex non distinguit, nec nos distinguire debemos*.[168] Ainda mencionando o doutrinador, o relator colacionou trecho de ensinamento que se traduziu, em síntese, na seguinte ideia: não importa se a vítima é usuária ou não do serviço, mas sim se o dano foi produzido por sujeito na qualidade de prestador de serviço público, não tendo o texto diferenciado entre as pessoas jurídicas de direito público e as de direito privado prestadoras de serviço público. O relator arrebatou o raciocínio afirmando que não se pode interpretar restritivamente o alcance do dispositivo constitucional porque a Constituição, considerando o princípio da isonomia, não permite distinção entre os "terceiros", sejam usuários ou não do serviço, uma vez que todos eles podem sofrer danos decorrentes da ação administrativa do Estado diretamente ou por meio de pessoa jurídica de direito privado.

E, reavivando o caso do recurso extraordinário, o relator evidenciou que o acidente fatal não ocorreu por culpa exclusiva da vítima ou força maior, ficando comprovado o nexo de causalidade entre o ato administrativo e o dano causado ao terceiro não usuário do serviço público, sendo condição suficiente para estabelecer a responsabilidade objetiva da pessoa jurídica de direito privado recorrente. Finalizou o voto negando provimento ao recurso extraordinário.

Em debate sobre a necessidade ou não de oitiva do Procurador-Geral da República, o Ministro Marco Aurélio sublinhou que se trata de tese interessantíssima porque se cogita a responsabilidade do Estado ou da concessionária, talvez como segurador universal, utilizando-se de expressão de Celso Antônio Bandeira de Mello. E a Ministra Cármen Lúcia atentou que se trata de mudança de jurisprudência do Supremo Tribunal Federal. Por sua vez, o presidente, Ministro Gilmar Mendes, para dizer da importância da questão, lembrou que no Recurso Extraordinário 262.651, de relatoria do Ministro Carlos Velloso, o Ministro Joaquim Barbosa trouxe posição contrária a daquele, prevalecendo a tese de que não havia responsabilidade civil objetiva para a concessionária em relação aos terceiros não usuários. O presidente ainda assinalou que o tema sempre foi controvertido e que tal decisão, aparentemente, estava em confronto com a maioria doutrinária.

Em discussão com o Ministro Marco Aurélio, a Ministra Cármen Lúcia defendeu haver o nexo de causalidade na medida em que o ciclista caiu quando foi atingido pelo ônibus que passava. A Ministra ainda elucidou não haver provas acerca da conduta da vítima, reforçando não ter sido rompido nexo causal, ficando

---

(168) "Onde a lei não distingue, não podemos nós distinguir."

caracterizada a responsabilidade objetiva. E, comungando do posicionamento do relator, a Ministra defendeu que, em relação a terceiro, a responsabilidade é a mesma, ou seja, objetiva. Assim, a Ministra Cármen Lúcia acompanhou o voto do Ministro Ricardo Lewandowski, para conhecer e negar provimento ao recurso extraordinário, concluindo que não se distingue o que a Constituição não distinguiu, ou seja, prestador de serviço público, Estado ou concessionária, quando presta o serviço e causa dano decorrente dessa atividade, submete-se ao regime da responsabilidade objetiva.

O Ministro Eros Grau também acompanhou o relator, sintetizando o voto em três pontos: 1) há nexo de causalidade; 2) o voto do relator é objetivo; 3) o debate sobre o serviço público começou com o atropelamento.

Por sua vez, o Ministro Carlos Ayres Britto defendeu ser correta a tese de que há responsabilidade objetiva ínsita à prestação do serviço público, independentemente de seu prestador (público ou privado). Aduziu que o serviço público é próprio do Estado em benefício da sociedade e que a esse bônus social corresponde um ônus social que é a responsabilidade pelos danos causados a terceiros e não só aos usuários do serviço. Ponderou que a Constituição da República Federativa do Brasil de 1988 não falou de terceiros à toa ou acidentalmente, sendo precisa em diversas passagens ao distinguir usuário de terceiro, a exemplo de seus arts. 26, II,[169] 129, § 1º,[170] e 197,[171] utilizando cada termo de forma apropriada. Apontou ainda que o § 6º do art. 37 da Lei Maior contempla duas isonomias: a) igualdade de tratamento normativo entre o Estado, prestador de serviço público, e o particular, prestador de serviço público; b) isonomia entre usuários específicos do serviço público e os terceiros em geral. E frisou ainda que, nesse dispositivo legal, o termo "terceiros" foi de uso intencional para ultrapassar as dimensões do simplesmente usuário, imprimindo cuidado maior na prestação do serviço público na medida em que exige que o princípio da eficiência seja aplicado na plenitude da prestação para que esta não lesione nem usuários em particular e nem terceiros em geral. Assim, o Ministro negou provimento ao recurso extraordinário.

---

(169) "Art. 26. Incluem-se entre os bens dos Estados: [...] II — as áreas, nas ilhas oceânicas e costeiras, que estiverem no seu domínio, excluídas aquelas sob domínio da União, Municípios ou terceiros; [...]." BRASIL. Constituição da República Federativa do Brasil, de 5 de outubro de 1988.
(170) "Art. 129. São funções institucionais do Ministério Público: [...]. § 1º — A legitimação do Ministério Público para as ações civis previstas neste artigo não impede a de terceiros, nas mesmas hipóteses, segundo o disposto nesta Constituição e na lei." BRASIL. Constituição da República Federativa do Brasil, de 5 de outubro de 1988.
(171) "Art. 197. São de relevância pública as ações e serviços de saúde, cabendo ao Poder Público dispor, nos termos da lei, sobre sua regulamentação, fiscalização e controle, devendo sua execução ser feita diretamente ou através de terceiros e, também, por pessoa física ou jurídica de direito privado." BRASIL. Constituição da República Federativa do Brasil, de 5 de outubro de 1988.

O Ministro Cezar Peluso destacou que o relator deu o exato alcance da interpretação do § 6º do art. 37 da Constituição da República Federativa do Brasil de 1988. Referiu-se a uma explicação histórica, já que na Constituição anterior, que não continha regra exata sobre o tema, se discutia a extensão da responsabilidade civil do Estado às concessionárias e permissionárias de serviço público, chegando-se à conclusão de que negar a responsabilidade dessas empresas seria espécie de fraude em dano das vítimas, considerando que o Estado responderia se fosse o prestador.

O Presidente Ministro Gilmar Mendes acentuou que dependeria das acidentalidades. Nesse passo, o Ministro Cezar Peluso assentiu, complementando que o termo "terceiro" do dispositivo constitucional em discussão não é posto para distinção entre usuário e não usuário, mas sim para indicar quem não seja o próprio Estado ou concessionário do serviço público. Observou que o dano causado por seu agente a si mesmo não tem relevância, mas o causado a terceiro tem, como é o caso, não importando saber se esse terceiro é usuário ou não. Acentuou que nos casos de não usuário a responsabilidade é ainda mais exigível e que, na verdade, o que a Constituição preceitua é a reparação por responsabilidade objetiva pelo dano causado pelo Estado ou por quem, em nome dele, presta serviço público. Aduziu ter ficado impressionado com a sentença de primeira instância que não encontrou nexo causal, diferentemente do que constou no acórdão. Perfilhou que no caso não houve rompimento do nexo causal em nenhuma das três hipóteses possíveis (caso fortuito, força maior ou culpa exclusiva da vítima), já que o dano somente pode ser imputado à ação do prestador do serviço. Destarte, acompanhou o voto do relator.

O Ministro Marco Aurélio procurou analisar se houve o nexo de causalidade com base nas premissas fáticas indicadas no acórdão impugnado mediante o recurso extraordinário. Afirmou que o laudo indicou como causa determinante do acidente a queda da vítima — quem sabe uma vertigem —, sob as rodas do ônibus. Grifou que ela caiu sob as rodas traseiras do ônibus, não ficando elucidado o motivo da queda, razão pela qual entendeu não ser possível concluir a existência do nexo causal só porque se afirmou que não houve culpa exclusiva da vítima, potencializando-se a responsabilidade objetiva. Assim, inclinou-se pelo conhecimento e provimento do recurso.

Em resposta, o Presidente Ministro Gilmar Mendes salientou que, com base nesses mesmos fundamentos, se manifestou no RE 262.651, de relatoria do Ministro Carlos Velloso, mas que entende que a questão deve ser reexaminada, pois aquela jurisprudência envolve uma redução teleológica da norma do § 6º do art. 37 da Constituição da República Federativa do Brasil de 1988.

Por sua vez, o Ministro Marco Aurélio entendeu que, se for assim, o Estado fica como segurador universal.

O Ministro Celso de Mello invocou o art. 25 da Lei n. 8.987/1995 como representante da solução normativa do conflito estabelecido no caso em debate, destacando alguns termos: "**Art. 25. Incumbe à concessionária** a execução do serviço concedido, **cabendo-lhe responder por todos os prejuízos causados** ao poder concedente, aos usuários *ou a terceiros*, sem que a fiscalização exercida pelo órgão competente exclua ou atenue essa responsabilidade". [grifos no original] E o Ministro Carlos Ayres Britto arrebatou dizendo que o regime normativo está perfeito, completo, com o que concordou o Presidente Ministro Gilmar Mendes que, por sua vez, ainda citou a doutrina de Lucas Rocha Furtado no mesmo sentido. Também entendeu o Presidente que o Tribunal compreendeu não haver excludente de responsabilidade que pudesse descaracterizar a responsabilidade objetiva, razão pela qual não se estaria mudando a doutrina desta quanto à teoria do risco administrativo. Destarte, o Presidente votou para negar provimento ao recurso extraordinário.

Nas razões do voto, o Presidente repisou que no Recurso Extraordinário n. 262.651-1/SP acompanhou o Relator Ministro Carlos Velloso para firmar a tese de que a responsabilidade civil das pessoas jurídicas de direito privado prestadoras de serviço público é objetiva quanto aos usuários do serviço, não se estendendo a não usuários, sob o argumento de que o serviço é prestado por pessoas jurídicas de direito privado e não pelo poder público em sentido estrito. Melhor reexaminando a questão, o Presidente entendeu que a diferenciação não repercute na matéria afeta à responsabilidade objetiva. Explicou que a natureza do serviço público não se altera pelo fato de o concessionário executar a atividade, já que a titularidade permanece com o poder concedente, o Estado. Verberou que o § 6º do art. 37 da Constituição da República Federativa do Brasil de 1988, que garante a responsabilidade objetiva, não faz a distinção cogitada pelo Ministro Velloso e revela ampla proteção àqueles que sofrem danos decorrentes da prestação do serviço público, independentemente de se tratar da Administração Direta ou Indireta ou dos agentes colaboradores do Estado (permissionários e concessionários). Citando escólio de Lucas Furtado, ponderou que a responsabilidade objetiva das pessoas jurídicas de direito privado prestadoras de serviço público limita-se ao exercício de tal atividade. Sublinhou que o nexo causal e o dano devem ser plenamente demonstrados e que, no caso, a morte do ciclista decorreu do impacto com o veículo de transporte coletivo da prestadora do serviço público. Finalizou, reexaminando seu ponto de vista, acolhendo a tese de cabimento da responsabilidade objetiva em relação à empresa privada prestadora de serviço público e negando, portanto, provimento ao recurso extraordinário.

Destarte, o Supremo Tribunal Federal, por unanimidade, conheceu do recurso e, por maioria, negou-lhe provimento, sendo vencido o Ministro Marco Aurélio.

4.2.2. A Responsabilidade Civil das Pessoas Jurídicas de Direito Privado Prestadoras do Serviço Público Perante o Não Usuário desse Serviço

A decisão proferida no Recurso Extraordinário 591.874-2 foi, de fato, um divisor de águas na jurisprudência do Supremo Tribunal Federal.

Até então, prevalecia, naquela corte, o entendimento de que a responsabilidade civil das pessoas jurídicas de direito privado prestadoras de serviço público não era objetiva quando a vítima do dano fosse não usuário do referido serviço, ou seja, demandava a prova da culpa da delegatária. Como ícone representativo dessa orientação tem-se o Recurso Extraordinário 262.651, julgado em 16 de novembro de 2004, de relatoria do Ministro Carlos Velloso. Destarte, aplicando-se tal entendimento a uma situação do cotidiano, ter-se-ia:

> em um acidente de trânsito entre um automóvel particular e um ônibus de permissionária de serviço público, a responsabilidade civil será apurada da mesma forma que o seria se o acidente tivesse acontecido entre dois veículos particulares quaisquer, ou seja, com base na responsabilidade subjetiva, cabendo a quem entender ter sofrido dano provar a culpa do outro motorista.[172]

Com o mencionado Recurso Extraordinário 591.874-2, o Supremo Tribunal Federal admitiu a repercussão geral da questão e reviu seu posicionamento para reconhecer a responsabilidade objetiva das delegatárias perante o não usuário do serviço público por ela prestado.

Ainda antes do novo pronunciamento do Supremo Tribunal Federal, o Superior Tribunal de Justiça já havia reconhecido a responsabilidade objetiva de concessionária de serviço público de energia elétrica no caso de óbito de terceiro:[173]

> RESPONSABILIDADE CIVIL. DESABAMENTO DE POSTE. VÍTIMA FATAL. MÁ CONSERVAÇÃO. AÇÃO PROCEDENTE.
>
> — Hipótese em que comprovado de maneira cabal o estado de má conservação do poste de iluminação. Culpa reconhecida da ré.
>
> — Ademais, segundo a Constituição Federal (art. 37, § 6º), a responsabilidade da empresa de energia elétrica, concessionária de serviço público, é objetiva.
>
> Recurso especial não conhecido.[174]

---

(172) ALEXANDRINO; PAULO, 2009. p. 715.
(173) FURTADO, 2007. p. 579.
(174) BRASIL. Superior Tribunal de Justiça. RESPONSABILIDADE CIVIL. DESABAMENTO DE POSTE. VÍTIMA FATAL. MÁ CONSERVAÇÃO. AÇÃO PROCEDENTE. — Hipótese em que comprovado de maneira cabal o estado de má conservação do poste de iluminação. Culpa reconhecida da ré. — Ademais, segundo a Constituição Federal (art. 37, § 6º), a responsabilidade da empresa de

O Tribunal de Justiça do Estado do Rio Grande do Sul igualmente admitia a responsabilidade civil objetiva:

> APELAÇÃO CÍVEL. RESPONSABILIDADE CIVIL EM ACIDENTE DE TRÂNSITO. ATROPELAMENTO POR COLETIVO UTILIZADO POR CONCESSIONÁRIA NA PRESTAÇÃO DE SERVIÇO PÚBLICO DE TRANSPORTE. IMPLEMENTAÇÃO DA RESPONSABILIDADE CIVIL OBJETIVA. AUSÊNCIA DE DEMONSTRAÇÃO DE CULPA DA VÍTIMA OU DE FATO DE TERCEIRO. DANOS MORAIS. PENSIONAMENTO. 1. A responsabilidade objetiva do Estado encontra-se consagrada no ordenamento jurídico pátrio (art. 37, § 6º, da CF e art. 43 do CC/2002), ou seja, a obrigação de indenizar do Estado ocorrerá se a vítima comprovar o nexo causal entre o fato narrado e o dano. Tal como as pessoas jurídicas de Direito Público, as concessionárias de serviços públicos sujeitam-se ao mesmo regime da Administração Pública no que diz respeito à responsabilidade civil, respondendo, portanto, objetivamente pelos danos que seus agentes, nessa qualidade, causarem a terceiros (não usuários (sic)). Assim, prescindível que a vítima comprove a culpa do agente do Estado (sentido lato) para que este seja obrigado a ressarcir/indenizar os danos advindos. Entretanto, tal responsabilidade pode ser afastada ou mitigada se restar demonstrada a culpabilidade exclusiva ou concorrente da vítima na concretização do evento lesivo. 2. Inexistência de comprovação de culpa exclusiva ou concorrente da vítima ou de fato de terceiro. Quanto ao suposto fato de terceiro, ausente credibilidade da prova testemunhal, ante a constatação inequívoca de divergências significativas em questões correlacionadas à dinâmica do sinistro. Assim, o valor probante da prova oral produzida revela-se insuficiente para demonstrar o fato de terceiro. Ademais, o fato de terceiro não elidiria a responsabilidade objetiva, consoante orientação do STJ. [...] APELO PROVIDO.[175]

---

energia elétrica, concessionária de serviço público, é objetiva. Recurso especial não conhecido. Recurso Especial (REsp) 246758. Companhia de Eletricidade do Acre Eletroacre e Antônia Feitosa Cardoso. Relator: Min. Barros Monteiro. 05 out. 2000. Jurisprudência: jurisprudência/STJ. *Superior Tribunal de Justiça*, Brasília. Disponível em: <https://ww2.stj.jus.br/websecstj/cgi/revista/REJ.cgi/IMG?seq=69438&nreg=200000078760&dt=20001127&formato=HTML>. Acesso em: 25 set. 2010.
(175) RIO GRANDE DO SUL. Tribunal de Justiça. APELAÇÃO CÍVEL. RESPONSABILIDADE CIVIL EM ACIDENTE DE TRÂNSITO. ATROPELAMENTO POR COLETIVO UTILIZADO POR CONCESSIONÁRIA NA PRESTAÇÃO DE SERVIÇO PÚBLICO DE TRANSPORTE. IMPLEMENTAÇÃO DA RESPONSABILIDADE CIVIL OBJETIVA. AUSÊNCIA DE DEMONSTRAÇÃO DE CULPA DA VÍTIMA OU DE FATO DE TERCEIRO. DANOS MORAIS. PENSIONAMENTO. 1. A responsabilidade objetiva do Estado encontra-se consagrada no ordenamento jurídico pátrio (art. 37, § 6º, da CF e art. 43 do CC/2002), ou seja, a obrigação de indenizar do Estado ocorrerá se a vítima comprovar o nexo causal entre o fato narrado e o dano. Tal como as pessoas jurídicas de Direito Público, as concessionárias de serviços públicos sujeitam-se ao mesmo regime da Administração Pública no que diz respeito à responsabilidade civil, respondendo, portanto, objetivamente pelos danos que seus agentes, nessa qualidade, causarem a terceiros (não usuários (sic)). Assim, prescindível que a vítima comprove a culpa do agente do Estado (sentido lato) para que este seja obrigado a ressarcir/indenizar os danos advindos. Entretanto, tal responsabilidade pode ser afastada ou mitigada se restar demonstrada a culpabilidade exclusiva ou concorrente da vítima na concretização do evento lesivo. 2. Inexistência de comprovação de culpa exclusiva ou concorrente da vítima ou de fato de terceiro. Quanto ao suposto fato de terceiro, ausente credibilidade da prova testemunhal, ante a constatação inequívoca de divergências significativas em questões correlacionadas à dinâmica do sinistro. Assim, o valor probante da prova oral produzida revela-se insuficiente para demonstrar o fato de terceiro. Ademais, o fato de terceiro não elidiria a responsabilidade objetiva, consoante orientação do STJ. 4. Inequívoco o abalo moral decorrente da morte de filho. O valor da indenização deve ser proporcional ao dano moral efetivamente sofrido, sem olvidar-se, entretanto, outras variáveis (grau de

Não obstante, do Tribunal de Justiça do Estado de Santa Catarina, não se observou nenhum julgado nesse sentido que fosse anterior à mudança de entendimento do Supremo Tribunal Federal. Na verdade, constatou-se o mesmo posicionamento da Corte Superior:

> **RESPONSABILIDADE** CIVIL. PESSOA JURÍDICA DE DIREITO PRIVADO PERMISSIONÁRIA DE SERVIÇO PÚBLICO. EMPRESA DE ÔNIBUS. ACIDENTE DE TRÂNSITO. ATROPELAMENTO DE PEDESTRE NA AVENIDA BEIRA-MAR NORTE. VÍTIMA QUE NÃO SE QUALIFICA COMO USUÁRIA DIRETA DO SERVIÇO DELEGADO.
>
> **RESPONSABILIDADE** SUBJETIVA. INTELIGÊNCIA DO ART. 37, § 6º, DA C.F. DE 1988.
>
> MÉRITO. ACERVO PROBATÓRIO DEFICIENTE. BOLETIM DE OCORRÊNCIA QUE NÃO ELUCIDA MINIMAMENTE A DINÂMICA DO ACIDENTE. AUSÊNCIA DE TESTEMUNHAS. CULPA DA RÉ NÃO COMPROVADA. ÔNUS QUE INCUMBIA AOS ACIONANTES, EX VI DO ART. 37, § 6º DA C.F. DE 1988 E DO ART. 333, I, DO CPC. DEPOIMENTO PESSOAL DO MOTORISTA, ADEMAIS, QUE INDICA A EXISTÊNCIA DE CULPA EXCLUSIVA DA VÍTIMA.
>
> "A **RESPONSABILIDADE** civil das pessoas jurídicas de direito privado prestadoras de serviço público é **OBJETIVA** relativamente aos usuários do serviço, não se estendendo a pessoas outras que não ostentem a condição de **USUÁRIO**. Exegese do art. 37, § 6º, da CF" (STF — RE n. 262651, Rel. Min. Carlos Velloso).
>
> O processo civil pátrio, via de regra, orienta-se pelo princípio dispositivo, por isso que o ônus da prova incumbe ao autor, quanto ao fato constitutivo de seu direito, e ao réu, relativamente à existência de fato impeditivo, modificativo ou extintivo do direito do autor (art. 333 do CPC, incisos I e II). Daí ser fácil apreender que destoa do sistema permitir-se o deferimento de pretensões embasadas em meras conjecturas, carecedoras de aparato probatório hábil a lhes dar sustentação.[176]

---

culpabilidade, duração do sofrimento ou outro sentimento correlato, capacidade econômica do causador do dano, dentre outras circunstâncias). No caso concreto, a partir de tais premissas, fixado valor (equivalente a 100 salários mínimos) em consonância com os postulados da razoabilidade e proporcionalidade, assim como observado o patamar ordinariamente fixado nesta Corte. 5. Demonstrado no processo que a vítima exercia atividade remunerada e que a demandante dependia economicamente daquela, impende a concessão de pensão mensal que, ante a ausência de comprovação dos rendimentos do *de cujus*, vai estipulada em 2/3 do salário mínimo em razão da dedução de 1/3 referente aos gastos pessoais da vítima. APELO PROVIDO. Apelação Cível 70029029279. Olga Bueno de Oliveira, Jose Luiz Vieira Nunes e SOUL — Sociedade de Ônibus União Ltda. Relatora: Judith dos Santos Mottecy. 21 maio 2009. Jurisprudência: pesquisa de jurisprudência. *Poder Judiciário —Tribunal de Justiça do Estado do Rio Grande do Sul*. Disponível em: <http://www1.tjrs.jus.br/busca/?tb=juris>. Acesso em: 25 set. 2010.

(176) SANTA CATARINA. Tribunal de Justiça. **RESPONSABILIDADE** CIVIL. PESSOA JURÍDICA DE DIREITO PRIVADO PERMISSIONÁRIA DE SERVIÇO PÚBLICO. EMPRESA DE ÔNIBUS. ACIDENTE DE TRÂNSITO. ATROPELAMENTO DE PEDESTRE NA AVENIDA BEIRA-MAR NORTE. VÍTIMA QUE NÃO SE QUALIFICA COMO USUÁRIA DIRETA DO SERVIÇO DELEGADO. **RESPONSABILIDADE** SUBJETIVA. INTELIGÊNCIA DO ART. 37, § 6º, DA C.F. DE 1988. MÉRITO. ACERVO PROBATÓRIO DEFICIENTE. BOLETIM DE OCORRÊNCIA QUE NÃO ELUCIDA MINIMAMENTE A DINÂMICA DO ACIDENTE. AUSÊNCIA DE TESTEMUNHAS. CULPA DA RÉ NÃO COMPROVADA. ÔNUS QUE INCUMBIA AOS ACIONANTES, EX VI DO ART. 37, § 6º DA C.F. DE 1988 E DO ART. 333, I, DO CPC. DEPOIMENTO PESSOAL DO MOTORISTA, ADEMAIS, QUE INDICA A EXISTÊNCIA DE CULPA EXCLUSIVA DA VÍTIMA. "A **RESPONSABILIDADE** civil das pessoas jurídicas de direito privado prestadoras de serviço público é **OBJETIVA** relativamente aos

Nota-se, portanto, que, apesar da orientação inicial do Supremo Tribunal Federal, alguns tribunais já defendiam tese diversa para reconhecer a responsabilidade objetiva das delegatárias no caso de dano causado ao não usuário do serviço por ela prestado.

O mesmo se verifica na doutrina. Alguns autores, como se verá adiante, também já perfilhavam a responsabilidade civil objetiva das pessoas jurídicas de direito privado prestadoras de serviço público frente ao não usuário deste.

Lucas Rocha Furtado bem retrata a preocupação dessa parcela da doutrina, abordando o entendimento que o Supremo Tribunal Federal mantinha até então, sobretudo, retratado no Recurso Extraordinário 262.651 (Relator Ministro Carlos Velloso; julgado em 16.11.2004), que fora mencionado no Recurso Extraordinário 591.874-2:

> Dúvida recentemente suscitada consiste em saber se a responsabilidade do particular prestador do serviço público é objetiva apenas quando cotejada com o usuário do serviço ou, em outras palavras, se ela também valeria perante terceiros. Exemplo: acidente envolvendo ônibus pertencente a permissionário de transporte coletivo e veículo particular. Dado que o proprietário do veículo não é usuário do serviço, poder-se-ia falar que responsabilidade objetiva ou que o dever de indenizar da empresa de transporte não seria alcançado pela regra constitucional (responsabilidade objetiva), e sim pelo Código Civil (responsabilidade subjetiva)?
>
> Essa questão foi enfrentada pelo STF no julgamento do Recurso Extraordinário n. 262651, Relator: Min. Carlos Veloso [sic] [...].
>
> Não obstante essa matéria mereça maiores reflexões, não nos parece — máxima vencia — acertada a solução adotada pelo STF.

---

usuários do serviço, não se estendendo a pessoas outras que não ostentem a condição de **USUÁRIO**. Exegese do art. 37, § 6º, da CF" (STF—RE n. 262651, Rel. Min. Carlos Velloso). O processo civil pátrio, via de regra, orienta-se pelo princípio dispositivo, por isso que o ônus da prova incumbe ao autor, quanto ao fato constitutivo de seu direito, e ao réu, relativamente à existência de fato impeditivo, modificativo ou extintivo do direito do autor (art. 333 do CPC, incisos I e II). Daí ser fácil apreender que destoa do sistema permitir-se o deferimento de pretensões embasadas em meras conjecturas, carecedoras de aparato probatório hábil a lhes dar sustentação. Apelação Cível 2006.005879-3. Maria de Lourdes Haffemann, Cristiano Haffemann e Transol —Transportes Coletivos Ltda. Relatora: Maria do Rocio Luz Santa Ritta. 08 jun. 2007. Jurisprudência: jurisprudência do Tribunal de Justiça. *Poder Judiciário de Santa Catarina*. Disponível em: <http://app.tjsc.jus.br/jurisprudencia/acnaintegra!html.action?parametros.frase=responsabilidade+objetiva&parametros.todas=+terceiro+usu%E1rio+37&parametros.orgaoJulgador=&parametros.pageCount=10&parametros.dataFim=01%2F08%2F2009&parametros.dataIni=&parametros.uma=&parametros.ementa=&parametros.cor=FF0000&parametros.tipoOrdem=relevancia&parametros.juiz1Grau=&parametros.foro=&parametros.relator=&parametros.processo=&parametros.nao=fatura+omissivo+interrup%E7%E3o+telefonia&parametros.classe=&parametros.rowid=AAARykAAKAAB1YjAAG>. Acesso em: 25 set. 2010.

> O fundamento básico utilizado pelo ilustre relator do acórdão proferido pelo STF no julgamento do citado Recurso Extraordinário n. 262651 — o renomado administrativista Carlos Velloso — foi o de que a Constituição Federal confere às pessoas jurídicas de direito privado prestadoras de serviços públicos responsabilidade civil objetiva com o exclusivo propósito de proteger os usuários do serviço.
>
> [...] discordamos, máxima vênia, da tese adotada pelo eg. STF e acreditamos na possibilidade de que o eg. STF modifique o entendimento adotado.[177]

Com efeito, o Supremo Tribunal Federal modificou a orientação adotada, mas somente em 26 de agosto de 2009.

Colaciona-se, uma vez mais, o § 6º do art. 37 da Constituição da República Federativa do Brasil de 1988, para averiguação da locução "terceiro" nele contido: "As pessoas jurídicas de direito público e as de direito privado prestadoras de serviços públicos responderão pelos danos que seus agentes, nessa qualidade, causarem a terceiros, assegurado o direito de regresso contra o responsável nos casos de dolo ou culpa".

A grande discussão residia se o vocábulo "terceiro" abrangeria, além do usuário, o não usuário do serviço público.

Partindo-se do brocardo de que a lei não tem palavras inúteis, deflui-se que terceiro engloba as duas categorias: usuário e não usuário. Se a intenção do legislador da Constituição da República Federativa do Brasil de 1988 fosse delimitar o comando constitucional, teria simplesmente se utilizado da locução "usuário", porém, não o fez. Como verificou o Ministro Ricardo Lewandowski no Recurso Extraordinário 591.874-2, o indigitado § 6º do art. 37 não fez distinção quanto à qualificação do sujeito passivo do dano, não exigindo a condição de usuário. Logo, evidencia-se que "terceiro" não é só aquele que ostenta a qualidade de usuário.

Ademais, a própria Constituição da República Federativa do Brasil de 1988 utilizou-se da palavra "usuário" quando assim quis fixar os limites e delimitar o alcance da norma. Assim também observou o Ministro Carlos Ayres Britto, no mesmo recurso extraordinário, ao assim exemplificar com os arts. 26, II, 129, § 1º, e 197 do mencionado diploma legal.

Se "terceiro" refere-se a usuário e não usuário, vale lembrar a averiguação do Ministro Cezar Peluso ao comentar, no Recurso Extraordinário 591.874-2, que tal vocábulo, na verdade, não é posto para diferenciar usuário e não usuário,

---

(177) FURTADO, 2007. p. 578-579.

mas sim para indicar quem não seja o próprio Estado ou delegatário do serviço público. Nessa vereda, Sérgio Cavalieri Filho ensina:

> "Terceiro" indica alguém estranho à Administração Pública, alguém com o qual o Estado não tem vínculo jurídico preexistente. Logo, o § 6º do art. 37 da Constituição *só se aplica à responsabilidade extracontratual do Estado*. Não incide nos casos de responsabilidade contratual, porque aquele que contrata com o Estado não é *terceiro*; já mantém vínculo jurídico com a Administração, pelo que, ocorrendo o inadimplemento estatal, a responsabilidade deverá ser apurada com base nas regras que regem o contrato administrativo.[178]

Na mesma direção, segue Edna Ribeiro Santiago ao ponderar a respeito de quem é considerado terceiro e atrelar a questão à interpretação que se deve dar às garantias constitucionais:

> Numa interpretação sistemática, o único sentido que pode ser dado ao termo "terceiro" é de que corresponde a qualquer pessoa que não tenha vínculo funcional com a pessoa jurídica de direito público ou com a pessoa jurídica de direito privado prestadora de serviço público.
>
> Ademais, no que se refere às garantias constitucionalmente atribuídas aos cidadãos, às normas ampliativas de direitos, é uníssono o entendimento de que não cabe interpretação restritiva, mas sim extensiva, a fim de assegurar a efetividade dos direitos constitucionais, abrangendo o maior número de casos possíveis. Como já mencionado, a Constituição almejou proteger todas as pessoas que se submetem ao risco administrativo, logo, não há que se distinguir a condição das pessoas lesadas.[179]

Com efeito, compreender a locução "terceiro" apenas como "usuário", excluindo-se o não usuário, significa fazer uma restrição que a Constituição da República Federativa do Brasil de 1988 não pretendeu, limitando uma garantia constitucional.

Ruth Helena Pimentel de Oliveira não enfrenta diretamente a problemática sobre a abrangência do vocábulo "terceiro". Entretanto, de sua lição deflui-se que também defende não se cuidar apenas e tão somente de usuário do serviço. Afirma-se isso porque a autora, ao tratar da responsabilidade extracontratual do Estado no regime de delegação de serviços públicos, refere-se a "usuários e terceiros". Nota-se: "[...] o concessionário ou o permissionário respondem por seus atos e pelos danos que seus agentes, nessa qualidade, ocasionarem aos

---

(178) CAVALIERI FILHO, 2007. p. 230.
(179) SANTIAGO, 2008.

usuários e a terceiros, pois assumem a prestação do serviço público delegado".[180] A doutrinadora ainda usa "usuários e terceiros" em outra passagem.[181]

Após a mudança de entendimento do Supremo Tribunal Federal, o Tribunal de Justiça do Estado do Rio Grande do Sul, evidentemente, prosseguiu na linha de pensamento que adotara anteriormente:

> APELAÇÃO. ACIDENTE DE TRÂNSITO. DANOS MATERIAIS. COLISÃO TRASEIRA EFETUADA POR ÔNIBUS. RESPONSABILIDADE OBJETIVA DA EMPRESA DE TRANSPORTE PRESTADORA DE SERVIÇO PÚBLICO EM RELAÇÃO A TERCEIRO NÃO USUÁRIO (SIC). 1.Responsabilidade objetiva da empresa de transporte coletivo, prestadora de serviço público (art. 37, § 6º, da CF). Se o dano foi causado a terceiro pelo motorista da empresa ré, no desempenho do serviço público (transporte de passageiros), desinteressa se o terceiro era ou não usuário do coletivo. Precedente do Tribunal Pleno do STF (RE 591874). 2. Ademais, o condutor do automóvel da parte autora não contribuiu de qualquer forma para a colisão traseira de seu veículo. Presunção de culpa do motorista do coletivo não elidida. Sentença mantida. Improvimento do apelo.[182]

Como se vê, para haver responsabilidade objetiva da pessoa jurídica de direito privado prestadora do serviço público não importa se a vítima é usuária ou não usuária deste; basta que o dano seja decorrente da realização da atividade. No Tribunal de Justiça do Estado de Santa Catarina, pois, passou-se a adotar tal orientação com mais clareza, consoante se observa no julgado que segue:

> APELAÇÃO CÍVEL. RESPONSABILIDADE CIVIL. ACIDENTE DE TRÂNSITO. ÔNIBUS DE PROPRIEDADE DA RÉ QUE, AO RETORNAR À PISTA, SAINDO DA BAINHA PARA EMBARQUE/DESEMBARQUE DE PASSAGEIROS, INTERROMPE O TRAJETO DO CAMINHÃO DO AUTOR QUE SEGUIA EM SUA MÃO DE DIREÇÃO. DESVIO DO AUTOR PARA EVITAR A COLISÃO.
>
> CAMINHÃO CARREGADO QUE NÃO SUPORTA A MANOBRA ABRUPTA E TOMBA. REPONSABILIDADE OBJETIVA DA RÉ. APLICAÇÃO DA TEORIA DO RISCO.
>
> EMPRESA CONCESSIONÁRIA DE SERVIÇO PÚBLICO. EXEGESE DO ART. 37, § 6º, DA CF. DEVER DE INDENIZAR CONFIGURADO. DANO E NEXO CAUSAL DEVIDAMENTE COMPROVADOS. SENTENÇA MANTIDA. RECURSO DESPROVIDO.

---

(180) OLIVEIRA, 2003. p. 209.
(181) OLIVEIRA, 2003. p. 224.
(182) RIO GRANDE DO SUL. Tribunal de Justiça. APELAÇÃO. ACIDENTE DE TRÂNSITO. DANOS MATERIAIS. COLISÃO TRASEIRA EFETUADA POR ÔNIBUS. RESPONSABILIDADE OBJETIVA DA EMPRESA DE TRANSPORTE PRESTADORA DE SERVIÇO PÚBLICO EM RELAÇÃO A TERCEIRO NÃO USUÁRIO (SIC). 1. Responsabilidade objetiva da empresa de transporte coletivo, prestadora de serviço público (art. 37, § 6º, da CF). Se o dano foi causado a terceiro pelo motorista da empresa ré, no desempenho do serviço público (transporte de passageiros), desinteressa se o terceiro era ou não usuário do coletivo. Precedente do Tribunal Pleno do STF (RE 591874). 2. Ademais, o condutor do automóvel da parte autora não contribuiu de qualquer forma para a colisão traseira de seu veículo. Presunção de culpa do motorista do coletivo não elidida. Sentença mantida. Improvimento do apelo. Apelação Cível 70029788247. Companhia Carris Porto Alegrense e Open Auto Comércio Automotivos Ltda. Relator: Orlando Heemann Júnior. 11 mar. 2010. Jurisprudência: pesquisa de jurisprudência. Poder Judiciário —Tribunal de Justiça do Estado do Rio Grande do Sul. Disponível em: <http://www1.tjrs.jus.br/busca/?tb=juris>. Acesso em: 25 set. 2010.

Figurando no polo passivo da demanda pessoa jurídica de direito privado concessionária de serviço público, aplicável a teoria do risco administrativo, segundo a qual a responsabilidade da prestadora de serviço público por dano causado a terceiro é objetiva, nos termos do art. 37, § 6º, da Constituição Federal.

"Responsabilidade objetiva da empresa de transporte coletivo, prestadora de serviço público (art. 37, § 6º, da CF). Se o dano foi causado a terceiro pelo motorista da empresa ré, no desempenho do serviço público (transporte de passageiros), desinteressa se o terceiro era ou não usuário do coletivo." (TJ-RS Ap. Cív. n. 70025586140, de Porto Alegre, Décima Segunda Câmara Cível, Rel. Des. Orlando Heemann Junior, j. em 12-3-2009).[183]

É cediço que os Tribunais pátrios têm liberdade de julgamento. Contudo, não se pode olvidar da influência gerada pelas decisões do Supremo Tribunal Federal.

Destarte, a partir do momento em que a Corte Suprema modificou o seu entendimento para estender a responsabilidade civil objetiva das pessoas jurídicas de direito privado prestadoras de serviço público pelos danos causados também ao não usuário do serviço, certamente os demais tribunais a considerarão, sobretudo, para reflexão da extensão do alcance da palavra "terceiro" contida no § 6º do art. 37 da Constituição da República Federativa do Brasil de 1988.

---

(183) SANTA CATARINA. Tribunal de Justiça. APELAÇÃO CÍVEL. RESPONSABILIDADE CIVIL. ACIDENTE DE TRÂNSITO. ÔNIBUS DE PROPRIEDADE DA RÉ QUE, AO RETORNAR À PISTA, SAINDO DA BAINHA PARA EMBARQUE/DESEMBARQUE DE PASSAGEIROS, INTERROMPE O TRAJETO DO CAMINHÃO DO AUTOR QUE SEGUIA EM SUA MÃO DE DIREÇÃO. DESVIO DO AUTOR PARA EVITAR A COLISÃO. CAMINHÃO CARREGADO QUE NÃO SUPORTA A MANOBRA ABRUPTA E TOMBA. REPONSABILIDADE OBJETIVA DA RÉ. APLICAÇÃO DA TEORIA DO RISCO. EMPRESA CONCESSIONÁRIA DE SERVIÇO PÚBLICO. EXEGESE DO ART. 37, § 6º, DA CF. DEVER DE INDENIZAR CONFIGURADO. DANO E NEXO CAUSAL DEVIDAMENTE COMPROVADOS. SENTENÇA MANTIDA. RECURSO DESPROVIDO. Figurando no polo passivo da demanda pessoa jurídica de direito privado concessionária de serviço público, aplicável a teoria do risco administrativo, segundo a qual a responsabilidade da prestadora de serviço público por dano causado a terceiro é objetiva, nos termos do art. 37, § 6º, da Constituição Federal. "Responsabilidade objetiva da empresa de transporte coletivo, prestadora de serviço público (art. 37, § 6º, da CF). Se o dano foi causado a terceiro pelo motorista da empresa ré, no desempenho do serviço público (transporte de passageiros), desinteressa se o terceiro era ou não usuário do coletivo." (TJ-RS Ap. Cív. n. 70025586140, de Porto Alegre, Décima Segunda Câmara Cível, Rel. Des. Orlando Heemann Junior, j. em 12-3-2009). Apelação Cível 2005.017766-7. Empresa Nossa Senhora da Glória Ltda. e Mário Possamai. Relator: Carlos Adilson Silva. 25 set. 2009. Jurisprudência: jurisprudência do Tribunal de Justiça. *Poder Judiciário de Santa Catarina*. Disponível em: <http://app.tjsc.jus.br/jurisprudencia/acnaintegra!html.action?parametros.frase=responsabilidade+objetiva&parametros.todas=concession%E1ria+terceiro+usu%E1rio+37&parametros.orgaoJulgador=&parametros.pageCount=10&parametros.dataFim=&parametros.dataIni=&parametros.uma=&parametros.ementa=&parametros.cor=FF0000&parametros.tipoOrdem=relevancia&parametros.juiz1Grau=&parametros.foro=&parametros.relator=&parametros.processo=&parametros.nao=fatura+omissivo+interrup%E7%E3o&parametros.classe=&parametros.rowid=AAARykAAKAAAAshAAD>. Acesso em: 25 set. 2010.

5

Considerações Finais

Se considerarmos a idade do mundo e o tempo que o homem o habita, nota-se que nunca se evoluiu tanto em tão pouco tempo. A humanidade caminha a passos acelerados e as transformações são constantes e, não raro, radicais. Por isso, atualmente deve-se ter muita cautela ao afirmar que algo é impossível, para não se incorrer em uma utopia. Afinal, o que ontem se considerava impraticável, hoje já o é. Para corroborar tal raciocínio, cita-se como exemplo a responsabilidade civil do Estado, já que, até algum tempo atrás, era inadmissível lhe atribuir alguma responsabilização.

O Estado, pois, foi criação do homem para organizar, regular e disciplinar as relações sociais. Se a sociedade está em eterna mutação, o Estado deve se atentar para isso na busca do bem comum. O Direito, por sua vez, é indissociável da ideia de bem comum, porquanto é aplicado pelo Estado, representado pelo juiz, para resolução de conflitos e de situações não contenciosas mas que necessitam de uma solução. Outrossim, se a sociedade se modifica constantemente, o Direito, portanto, também não é estático. E isso se nota facilmente, como na questão da responsabilidade civil do Estado apresentada neste trabalho.

No contexto da criação do Estado, merece atenção o seu papel que é de materializar o bem comum, em sua atividade administrativa, o que se dá pelo serviço público.

Como visto, a expressão "serviço público" é empregada em vários sentidos. Dos conceitos de serviço público apresentados neste trabalho,[184] observou-se três pontos de convergência: 1) atividade estatal (atividade prestada pelo Estado ou seus delegados); 2) necessidades da coletividade; 3) regime de direito público (total ou parcialmente). Com base nisso, pode-se afirmar que o serviço público é uma atividade prestada pelo Estado, de forma direta ou mediante delegação, para atender as necessidades da coletividade, sob regime de direito público total ou parcialmente.

Tendo em vista serem inúmeros os serviços públicos prestados, a doutrina procura classificá-los conforme as semelhanças e diferenças, dentre outros

---

(184) Odete Medauar, Hely Lopes Meirelles, José dos Santos Carvalho Filho, Celso Antônio Bandeira de Mello, Maria Sylvia Zanella di Pietro e Marçal Justen Filho.

critérios. Existem várias classificações, dentre as quais foram selecionadas algumas. Para Hely Lopes Meirelles, os serviços públicos são classificados: a) quanto à essencialidade: a.1) serviços públicos, a.2) serviços de utilidade pública; b) quanto à adequação: b.1) serviços próprios do Estado; b.2) serviços impróprios do Estado; c) quanto à finalidade: c.1) serviços administrativos; c.2) serviços industriais; d) quanto aos destinatários: d.1) serviços *uti universi* ou gerais; d.2) serviços *uti singuli* ou individuais.[185] Marcelo Alexandrino e Vicente Paulo classificam os serviços públicos de forma semelhante: a) gerais e individuais; b) delegáveis e indelegáveis; c) administrativos, sociais e econômicos; d) próprios e impróprios.[186] Praticamente na mesma linha, José dos Santos Carvalho Filho classifica os serviços públicos como: a) serviços delegáveis e indelegáveis; b) serviços administrativos e de utilidade pública; c) serviços coletivos e singulares; d) serviços sociais e econômicos.[187] Maria Sylvia Zanella di Pietro, por sua vez, aponta os seguintes: a) serviços públicos próprios e impróprios; b) quanto ao objeto: b.1) administrativos; b.2) comerciais ou industriais; b.3) sociais; c) quanto à maneira como concorrem para satisfazer ao interesse geral: c.1) *uti singuli*; c.2) *uti universi*; d) quanto à essencialidade ou faculdade da atividade: d.1) originários ou congênitos; d.2) derivados ou adquiridos; e) quanto à exclusividade ou não do Poder Público na prestação do serviço: e.1) exclusivos; e.2) não exclusivos.[188] Lucas Rocha Furtado, porém, considera os seguintes critérios como os mais importantes: a) quanto ao destinatário: a.1) serviços *uti universi* ou gerais; a.2) serviços *uti singuli* ou individuais; b) quanto à titularidade: b.1) serviços federais; b.2) serviços estaduais; b.3) serviços municipais; c) quanto à forma de prestação: c.1) serviços centralizados; c.2) serviços descentralizados; d) quanto à gestão da prestação: d.1) gestão direta; d.2) gestão indireta.[189]

Pela conceituação e pelas classificações, denota-se que o Estado é o titular do serviço público. A titularidade do serviço é atribuída com exclusividade ao Poder Público como consectário lógico da soberania do poder do Estado e do primado da lei enquanto expressão da vontade geral. Não obstante, nem sempre o Estado é titular também da prestação do serviço público, ou seja, pessoas estranhas aos quadros funcionais da Administração Pública podem executá-lo. Nessa vereda, tem-se a descentralização dos serviços e, nesse âmbito, por meio da delegação, notadamente via concessão ou permissão, é que se viabiliza a execução dos serviços públicos por pessoas jurídicas de direito privado, aspecto de destaque neste trabalho.

---

(185) MEIRELLES, 2001. p. 312-315.
(186) ALEXANDRINO; PAULO, 2009. p. 622-625.
(187) CARVALHO FILHO, 2007. p. 282-284.
(188) PIETRO, 2006. p. 120-124.
(189) FURTADO, 2007. p. 722-727.

A Lei n. 8.987/1995 apresenta normas gerais sobre as concessões e as permissões, muito embora se refira quase que integralmente às primeiras. Quanto à permissão, salienta-se: a) é a delegação da prestação do serviço público, permanecendo a titularidade com o poder público; b) a prestação do serviço é por conta e risco da permissionária, sob fiscalização do poder público; c) sempre é precedida de licitação, sem determinação legal de uma modalidade específica; d) natureza contratual (contrato de adesão); e) prazo determinado, com possibilidade de prorrogação nas condições estipuladas no contrato; f) celebração com pessoa física ou jurídica, sem previsão de permissão a consórcio de empresas; g) delegação a título precário; e h) revogabilidade unilateral do contrato pelo poder público. E, no tocante à concessão, verifica-se: a) é a delegação da prestação do serviço público, permanecendo a titularidade com o poder público; b) a prestação do serviço é por conta e risco da concessionária, sob fiscalização do poder concedente; c) sempre precedida de licitação, na modalidade concorrência; d) natureza contratual; e) prazo determinado, com possibilidade de prorrogação nas condições estipuladas no contrato; f) celebração com pessoa jurídica ou consórcio de empresas, mas não com pessoa física; g) não precária; h) não cabimento da revogação do contrato.[190]

Evidentemente, existem obrigações a serem observadas na prestação dos serviços. Eventual violação dessas obrigações, mediante ações ou omissões que acarretem danos a terceiros, sujeita as concessionárias e permissionárias à responsabilização civil. A responsabilidade das pessoas jurídicas prestadoras de serviços públicos, pois, evoluiu ao lado das alterações legislativas, passando da completa irresponsabilidade até a sua responsabilidade objetiva.

Para Lucas Rocha Furtado, a responsabilidade civil do Estado *"alcança todas as situações em que o exercício de atividades lícitas ou ilícitas desenvolvidas pelas pessoas jurídicas de Direito Público ou [...] de Direito Privado prestadoras de serviços públicos viole direitos dos particulares causando-lhes prejuízo material ou moral"*. [grifo no original][191]

Em um primeiro momento, predominava a teoria da irresponsabilidade do Estado, vigorando no Estado despótico e absolutista. Em 1946 e 1947, Estados Unidos e Inglaterra, respectivamente, passaram a aceitar a responsabilidade, porém, de forma subjetiva, iniciando-se a fase das teorias civilistas. A responsabilidade, pois, aplicava-se somente aos atos de gestão e não aos atos de império. Quando foi abandonada a distinção entre tais atos, surgiu a teoria da culpa civil ou da responsabilidade subjetiva, em que se procurava demonstrar a culpa do Estado para responsabilizá-lo equiparando a relação de responsabilidade entre patrão/comitente e empregados/prepostos. Posteriormente, com a teoria do

---

(190) ALEXANDRINO; PAULO, 2009. p. 639-640.
(191) FURTADO, 2007. p. 1001.

órgão ou organicista, a atividade do prestador do serviço passou a ser tida como a atividade da própria pessoa jurídica e, por isso, esta era responsável pelos danos eventualmente causados. Superadas as teorias civilistas de responsabilização do Estado, surgiram as teorias publicistas representando a terceira e última fase da evolução. São duas as teorias publicistas: a) a teoria da culpa do serviço ou da culpa administrativa ou do acidente administrativo; b) a teoria do risco, desdobrada em teoria do risco administrativo e teoria do risco integral.

No Brasil, a teoria da irresponsabilidade civil do Estado vigorou apenas enquanto houve o domínio da Coroa portuguesa. A Constituição de 1946 foi um divisor de águas na medida em que acolheu expressamente a teoria da responsabilidade objetiva do Estado em seu art. 194. Por seu turno, a Constituição da República Federativa do Brasil de 1988, mais precisamente no § 6º de seu art. 37, manteve a responsabilidade objetiva, porém, estendendo-a expressamente às pessoas jurídicas de direito privado prestadoras de serviço público.

Para que se verifique a responsabilidade civil do Estado, cujo regime também é aplicado às pessoas jurídicas de direito privado prestadoras de serviço público, é imprescindível a presença de três requisitos: a) dano; b) nexo de causalidade (entre o dano e a ação ou omissão do agente estatal); c) oficialidade da conduta causal.

Algumas situações, no entanto, rompem o nexo de causalidade entre o dano e a conduta e, por conseguinte, eximem da responsabilidade civil objetiva, calcada no dever de indenizar, as pessoas jurídicas de direito público e as pessoas jurídicas de direito privado prestadoras de serviço público. São as chamadas causas excludentes, quais sejam: culpa exclusiva da vítima, culpa de terceiro, força maior, caso fortuito e exercício regular do direito de agente estatal.

A partir do momento em que a prestação do serviço público é transferida a uma pessoa jurídica de direito privado, esta passa a responder civilmente assim como o Estado o responderia se realizasse diretamente o serviço. Neste passo, não se constataram controvérsias doutrinárias no tocante à responsabilidade objetiva das delegatárias em relação aos usuários do serviço, uma vez que há uma relação jurídica contratual entre eles.

Contudo, deve-se ter em mente que o Poder Público que delegou a prestação do serviço não está absolutamente isento de qualquer responsabilidade. Se o Estado não exerce sua obrigação de fiscalizar ou o faz de forma insatisfatória, vindo a atividade exercida pela delegatária a causar danos, deverá responder nos termos do § 6º do art. 37 da Constituição da República Federativa do Brasil de 1988. Além disso, quando o dano surge em virtude das cláusulas de organização e funcionamento dos serviços públicos delegados, fixadas (ou nem sequer fixadas) pelo poder concedente, este também responde e de forma direta.

Há ainda entendimento de que o Estado também responde quando a delegatária for insolvente, porém, subsidiariamente e apenas quanto aos prejuízos causados em decorrência do serviço delegado.

Se não há dúvidas em relação à responsabilidade civil objetiva das pessoas jurídicas de direito privado prestadoras de serviço público perante o usuário desse serviço, este não ocorria quando se tratava de não usuário. O Tribunal de Justiça do Rio Grande do Sul e o Superior Tribunal de Justiça, bem como parte da doutrina, defendiam que a responsabilidade civil das delegatárias também era objetiva frente ao não usuário, da mesma forma que o é perante o usuário. Todavia, não era essa a orientação que prevalecia no Supremo Tribunal Federal. Essa corte posicionava-se pela responsabilidade civil subjetiva das delegatárias perante o terceiro não usuário do serviço público por elas prestado, entendimento este que foi alterado com o julgamento do Recurso Extraordinário 591.874, em agosto de 2009.

Tal recurso foi interposto pela Viação São Francisco Ltda. que sustentou, em síntese, a inaplicabilidade da responsabilidade objetiva pelo fato de a vítima do acidente não ser usuária do serviço. Por unanimidade, o Supremo Tribunal Federal conheceu do recurso e, por maioria, negou-lhe provimento, sendo vencido o Ministro Marco Aurélio.

A grande discussão, pois, residiu na análise do vocábulo "terceiro", constante no § 6º do art. 37 da Constituição da República Federativa do Brasil de 1988, ou, mais precisamente, se abrangeria, além do usuário, o não usuário do serviço público.

Verificou-se que o indigitado dispositivo constitucional não fez distinção quanto à qualificação do sujeito passivo do dano, não exigindo a condição de usuário. Além disso, se a lei não tem palavras inúteis, "terceiro", com efeito, engloba usuário e não usuário; caso contrário, ter-se-ia especificado uma dessas categorias. Outrossim, em outros artigos da Lei Maior, quando o objetivo foi de fixar limites, foi empregado expressamente o termo "usuário". A palavra "terceiro", na verdade, quer significar todo aquele que não seja o próprio Estado ou delegatário do serviço público. Também se averiguou que as garantias constitucionais aos cidadãos não podem ser interpretadas restritivamente. Assim, não é possível compreender "terceiro" apenas como usuário, sob pena de se limitar uma garantia constitucional.

A mudança de entendimento do Supremo Tribunal Federal, ocorrida com o julgamento do Recurso Extraordinário 591.874, é um divisor de águas e, evidentemente, se não importar na alteração do posicionamento de parte da doutrina e de outros tribunais que perfilhavam a responsabilidade subjetiva das delegatárias frente ao não usuário do serviço, ao menos proporcionará profundas reflexões sobre o tema, o que é extremamente salutar.

De qualquer forma, entende-se que a modificação da orientação do Supremo Tribunal Federal atende o objetivo pretendido pelo legislador constitucional ao formular a redação do § 6º do art. 37, qual seja, estender a garantia constitucional da responsabilidade civil objetiva das pessoas jurídicas de direito privado prestadoras de serviço público ao usuário e também ao não usuário deste. Afinal, o dano causado é decorrente da atividade, não importando quem foi a vítima. Destarte, compreende-se que defender o contrário equivaleria ao abandono da busca e da efetivação da justiça, escopo constante do Estado que deve primar pelo bem comum da sociedade.

REFERÊNCIAS BIBLIOGRÁFICAS

ALEXANDRINO, Marcelo; PAULO, Vicente. *Direito administrativo descomplicado*. 17. ed. rev., atual. e ampl. São Paulo: Método, 2009. 924 p.

ANDRADE, Flávia Cristina Moura de. *Direito administrativo*. São Paulo: Premier Máxima, 2006. Coleção Elementos de Direito. 259 p.

BRASIL. Constituição da República Federativa do Brasil, de 24 de janeiro de 1967. Disponível em: <http://www.planalto.gov.br/ccivil_03/Constituicao/Constituiçao67.htm>. Acesso em: 10 maio 2010.

BRASIL. Constituição da República Federativa do Brasil, de 5 de outubro de 1988. Disponível em: <http://www.planalto.gov.br/legislacao/Constituicao/Constituiçao.htm>. Acesso em: 05 maio 2010.

BRASIL. Constituição dos Estados Unidos do Brasil, de 18 de setembro de 1946. Disponível em: <http://www.planalto.gov.br/ccivil_03/Constituicao/Constituiçao46.htm>. Acesso em: 10 maio 2010.

BRASIL. Emenda Constitucional n. 1, de 17 de outubro de 1969. Disponível em: <http://www.planalto.gov.br/ccivil_03/Constituicao/Emendas/Emc_anterior1988/emc01-69.htm>. Acesso em: 10 maio 2010.

BRASIL. Lei n. 10.046, de 10 de janeiro de 2002. Institui o Código Civil. Disponível em: <http://www.planalto.gov.br/ccivil_03/LEIS/2002/L10406.htm>. Acesso em: 10 maio 2010.

BRASIL. Lei n. 3.071, de 01 de janeiro de 1916. Código Civil. Disponível em: <http://www.planalto.gov.br/ccivil_03/LEIS/L3071.htm>. Acesso em: 10 maio 2010.

BRASIL. Lei n. 11.079, de 30 de dezembro de 2004. Institui normas gerais para licitação e contratação de parceria público-privada no âmbito da administração pública. Disponível em: <http://www.planalto.gov.br/ccivil_03/_Ato2004-2006/2004/Lei/L11079.htm>. Acesso em: 05 maio 2010.

BRASIL. Lei n. 8.987, de 13 de fevereiro de 1995. Dispõe sobre o regime de concessão e permissão da prestação de serviços públicos previsto no art. 175 da Constituição Federal, e dá outras providências. Disponível em: <http://www.planalto.gov.br/ccivil_03/Leis/L8987cons.htm>. Acesso em: 05 maio 2010.

BRASIL. Superior Tribunal de Justiça. AGRAVO REGIMENTAL. AGRAVO DE INSTRUMENTO. CONCESSIONÁRIA DE SERVIÇO PÚBLICO. RELAÇÃO COM O USUÁRIO. DEFEITO NA PRESTAÇÃO DO SERVIÇO. RESPONSABILIDADE OBJETIVA.

CONFIGURAÇÃO DO NEXO CAUSAL. REEXAME DE PROVA. SÚMULA 7/STJ. DECISÃO AGRAVADA MANTIDA POR SEUS PRÓPRIOS FUNDAMENTOS. 1. As concessionárias de serviços rodoviários, nas suas relações com os usuários, respondem objetivamente por qualquer defeito na prestação do serviço e pela manutenção da rodovia em todos os aspectos, o que inclui objetos deixados na pista. Precedente. 2. Se o acórdão recorrido, com base nos elementos de convicção dos autos, conclui pela inexistência de qualquer elemento seguro capaz de romper o nexo causal entre os danos sofridos pelo demandante e a sua atividade, o exame da matéria, nesta sede, resta obstado pela Súmula n. 7/STJ. 3. Da leitura das razões expendidas na petição de agravo regimental não se extrai argumentação relevante apta a afastar os fundamentos do julgado ora recorrido. Destarte, nada havendo a retificar ou acrescentar na decisão agravada, deve esta ser mantida por seus próprios e jurídicos fundamentos. 4. Agravo regimental desprovido. Agravo Regimental no Agravo de Instrumento (AgRg no Ag) 933.520. Metrovias SD A Concessionária de Rodovias e Rudi Lakes Oliveira. Relator: Min. Fernando Gonçalves. 29 set. 2009. Jurisprudência: jurisprudência/STJ. *Superior Tribunal de Justiça*, Brasília. Disponível em: <https://ww2.stj.jus.br/revistaeletronica/Abre_Documento.asp?sSeq=916028&sReg=200701767818&sData=20091019&formato=HTML>. Acesso em: 27 maio 2010.

BRASIL. Superior Tribunal de Justiça. CIVIL E PROCESSUAL. RECURSO ESPECIAL. ACIDENTE. RODOVIA. ANIMAIS NA PISTA. RESPONSABILIDADE OBJETIVA. CONCESSIONÁRIA DE SERVIÇO PÚBLICO. SEGURANÇA. VEÍCULOS. DEVER DE CUIDAR E ZELAR. DENUNCIAÇÃO À LIDE. INCABIMENTO. PRECEDENTES. RECURSO ESPECIAL NÃO CONHECIDO. I. Cabe às concessionárias de rodovia zelar pela segurança das pistas, respondendo civilmente, de consequência, por acidentes causados aos usuários em razão da presença de animais na pista. II. Denunciação à lide corretamente negada, por importar em abertura de contencioso paralelo, estranho à relação jurídica entre o usuário e a concessionária. III. Recurso especial não conhecido. Recurso Especial (REsp) 573.260. Coviplan Concessionária Rodoviária do Planalto SD A e Dilles Carmelina Biolchi. Relator: Min. Aldir Passarinho Junior. 27 out. 2009. Jurisprudência: jurisprudência/STJ. *Superior Tribunal de Justiça*, Brasília. Disponível em: <https://ww2.stj.jus.br/revistaeletronica/Abre_Documento.asp?sSeq=923360&sReg=200301272313&sData=20091109&formato=HTML>. Acesso em: 27 maio 2010.

BRASIL. Superior Tribunal de Justiça. RESPONSABILIDADE CIVIL. DESABAMENTO DE POSTE. VÍTIMA FATAL. MÁ CONSERVAÇÃO. AÇÃO PROCEDENTE. — Hipótese em que comprovado de maneira cabal o estado de má conservação do poste de iluminação. Culpa reconhecida da ré. — Ademais, segundo a Constituição Federal (art. 37, § 6º), a responsabilidade da empresa de energia elétrica, concessionária de serviço público, é objetiva. Recurso especial não conhecido. Recurso Especial (REsp) 246758. Companhia de Eletricidade do Acre Eletroacre e Antônia Feitosa Cardoso. Relator: Min. Barros Monteiro. 05 out. 2000. Jurisprudência: jurisprudência/STJ. *Superior Tribunal de Justiça*, Brasília. Disponível em: <https://ww2.stj.jus.br/websecstj/cgi/revista/REJ.cgi/IMG?seq=69438&nreg=200000078760&dt=20001127&formato=HTML>. Acesso em: 25 set. 2010.

BRASIL. Superior Tribunal de Justiça. Súmula 227: A pessoa jurídica pode sofrer dano moral. Segunda Seção. 08 set. 1999. Súmulas /STJ. *Superior Tribunal de Justiça*, Brasília. Disponível em: <http://www.stj.jus.br/SCON/sumulas/doc.jsp?livre=%40docn&&b=SUMU&p=true&t=&l=10&i=228#>. Acesso em: 06 set. 2010.

BRASIL. Supremo Tribunal Federal. CONSTITUCIONAL. RESPONSABILIDADE DO ESTADO. ART. 37, § 6º, DA CONSTITUIÇÃO. PESSOAS JURÍDICAS DE DIREITO PRIVADO PRESTADORAS DE SERVIÇO PÚBLICO. CONCESSIONÁRIO OU PERMISSIONÁRIO DO SERVIÇO DE TRANSPORTE COLETIVO. RESPONSABILIDADE OBJETIVA EM RELAÇÃO A TERCEIROS NÃO USUÁRIOS (sic) DO SERVIÇO. RECURSO DESPROVIDO. I — A responsabilidade civil das pessoas jurídicas de direito privado prestadoras de serviço público é objetiva relativamente a terceiros usuários e não usuários (sic) do serviço, segundo decorre do art. 37, § 6º, da Constituição Federal. II — A inequívoca presença do nexo de causalidade entre o ato administrativo e o dano causado ao terceiro não usuário (sic) do serviço público, é condição suficiente para estabelecer a responsabilidade objetiva da pessoa jurídica de direito privado. III — Recurso extraordinário desprovido. Recurso Extraordinário (RE) 591.874. Viação São Francisco Ltda. e Justa Servin Franco. Relator: Min. Ricardo Lewandowski. 26 ago. 2009. Jurisprudência: pesquisa de jurisprudência. *Supremo Tribunal Federal*, Brasília, 01 maio 2010. Disponível em: <http://www.stf.jus.br/portal/jurisprudencia/listarJurisprudencia.asp?s1=(591874.NUME.%20OU%20591874.ACMS.)&base=baseAcordaos>. Acesso em: 01 maio 2010.

CAHALI, Yussef Said. *Responsabilidade civil do Estado*. 3. ed. rev., atual. e ampl. São Paulo: Revista dos Tribunais, 2007. 559 p.

CARLIN, Volnei Ivo. *Manual de direito administrativo*: doutrina e jurisprudência. 4. ed. rev., atual. e ampl. Florianópolis: Conceito Editorial, 2007. 542 p.

CARVALHO FILHO, José dos Santos. *Manual de direito administrativo*. 17. ed. rev., ampl. e atual até 05.01.2007. Rio de Janeiro: Lumen Juris, 2007. 1056 p.

CAVALIERI FILHO, Sergio. *Programa de responsabilidade civil*. 7. ed. rev. e ampl. São Paulo: Atlas, 2007. 561 p.

CUNHA JUNIOR, Dirley da. *Direito administrativo*. 2. ed. rev. e ampl. Salvador: Jus PODIVM, 2003. 496 p.

DALLARI, Dalmo de Abreu. *Elementos de teoria geral do Estado*. 19. ed. atual. São Paulo: Saraiva, 1995. 260 p.

FREIRE, Elias Sampaio. *Direito administrativo*: teoria, jurisprudência e 1000 questões. 7. ed. atual. até a EC n. 52/2006. Rio de Janeiro: 2007. Série Provas e Concursos. 604 p.

FURTADO, Lucas Rocha. *Curso de direito administrativo*. Belo Horizonte: Fórum, 2007. 1320 p.

GUERRA, Evandro Martins. *Direito administrativo sintético*. Belo Horizonte: Fórum, 2007. 454 p.

JUSTEN FILHO, Marçal. *Curso de direito administrativo*. 3. ed. São Paulo: Saraiva, 2008. 1017 p.

MEDAUAR, Odete. *Direito administrativo moderno*. 12. ed. rev. e atual. São Paulo: Revista dos Tribunais, 2008. 430 p.

MEIRELLES, Hely Lopes. *Direito administrativo brasileiro*. 26. ed. atual. São Paulo: Malheiros, 2001. 782 p.

MELLO, Celso Antônio Bandeira de. *Curso de direito administrativo*. 26. ed., rev. e atual. até a EC n. 57, de 18.12.2008. São Paulo: Malheiros, 2009. 1102 p.

MELLO, Celso Antônio Bandeira de. *Grandes temas de direito administrativo.* São Paulo: Malheiros, 2009. 390 p.

OLIVEIRA, Ruth Helena Pimentel de. *Entidades prestadoras de serviços públicos e responsabilidade extracontratual.* São Paulo: Atlas, 2003. 233 p.

PASOLD, Cesar Luiz. *Prática da pesquisa jurídica*: ideias e fundamentos úteis para o pesquisador do direito. Florianópolis: OAB/SC Editora, 1999. 186 p.

PIETRO, Maria Sylvia Zanella di. *Direito administrativo.* 19. ed. São Paulo: Atlas, 2006. 823 p.

RIO GRANDE DO SUL. Tribunal de Justiça. APELAÇÃO. ACIDENTE DE TRÂNSITO. DANOS MATERIAIS. COLISÃO TRASEIRA EFETUADA POR ÔNIBUS. RESPONSABILIDADE OBJETIVA DA EMPRESA DE TRANSPORTE PRESTADORA DE SERVIÇO PÚBLICO EM RELAÇÃO A TERCEIRO NÃO USUÁRIO. 1. Responsabilidade objetiva da empresa de transporte coletivo, prestadora de serviço público (art. 37, § 6º, da CF). Se o dano foi causado a terceiro pelo motorista da empresa ré, no desempenho do serviço público (transporte de passageiros), desinteressa se o terceiro era ou não usuário do coletivo. Precedente do Tribunal Pleno do STF (RE 591874). 2. Ademais, o condutor do automóvel da parte autora não contribuiu de qualquer forma para a colisão traseira de seu veículo. Presunção de culpa do motorista do coletivo não elidida. Sentença mantida. Improvimento do apelo. Apelação Cível 70029788247. Companhia Carris Porto Alegrense e Open Auto Comércio Automotivos Ltda. Relator: Orlando Heemann Júnior. 11 mar. 2010. Jurisprudência: pesquisa de jurisprudência. Poder Judiciário — Tribunal de Justiça do Estado do Rio Grande do Sul. Disponível em: <http://www1.tjrs.jus.br/busca/?tb=juris>. Acesso em: 25 set. 2010.

RIO GRANDE DO SUL. Tribunal de Justiça. APELAÇÃO CÍVEL. RESPONSABILIDADE CIVIL EM ACIDENTE DE TRÂNSITO. ATROPELAMENTO POR COLETIVO UTILIZADO POR CONCESSIONÁRIA NA PRESTAÇÃO DE SERVIÇO PÚBLICO DE TRANSPORTE. IMPLEMENTAÇÃO DA RESPONSABILIDADE CIVIL OBJETIVA. AUSÊNCIA DE DEMONSTRAÇÃO DE CULPA DA VÍTIMA OU DE FATO DE TERCEIRO. DANOS MORAIS. PENSIONAMENTO. 1. A responsabilidade objetiva do Estado encontra-se consagrada no ordenamento jurídico pátrio (art. 37, § 6º, da CF e art. 43 do CC/2002), ou seja, a obrigação de indenizar do Estado ocorrerá se a vítima comprovar o nexo causal entre o fato narrado e o dano. Tal como as pessoas jurídicas de Direito Público, as concessionárias de serviços públicos sujeitam-se ao mesmo regime da Administração Pública no que diz respeito à responsabilidade civil, respondendo, portanto, objetivamente pelos danos que seus agentes, nessa qualidade, causarem a terceiros (não usuários (*sic*)). Assim, prescindível que a vítima comprove a culpa do agente do Estado (sentido lato) para que este seja obrigado a ressarcir/indenizar os danos advindos. Entretanto, tal responsabilidade pode ser afastada ou mitigada se restar demonstrada a culpabilidade exclusiva ou concorrente da vítima na concretização do evento lesivo. 2. Inexistência de comprovação de culpa exclusiva ou concorrente da vítima ou de fato de terceiro. Quanto ao suposto fato de terceiro, ausente credibilidade da prova testemunhal, ante a constatação inequívoca de divergências significativas em questões correlacionadas à dinâmica do sinistro. Assim, o valor probante da prova oral produzida revela-se insuficiente para demonstrar o fato de terceiro. Ademais, o fato de terceiro não elidiria a responsabilidade objetiva, consoante orientação do STJ. 4. Inequívoco o abalo moral decorrente da morte de filho. O valor da indenização deve ser proporcional ao dano moral efetivamente sofrido, sem olvidar-se, entretanto, outras variáveis (grau de culpabilidade, duração do sofrimento ou outro sentimento correlato, capacidade econômica do causador do dano, dentre outras circunstâncias). No caso concreto, a partir de tais premissas, fixado valor (equivalente a 100 salários mínimos) em consonância com os postulados da razoabilidade e proporcionalidade, assim como observado o patamar ordinariamente fixado nesta Corte. 5. Demonstrado no processo que a vítima exercia atividade remunerada e que a demandante dependia economicamente daquela, impende a concessão de pensão mensal que, ante a ausência de comprovação dos rendimentos do *de cujus*, vai estipulada em 2/3 do salário mínimo em razão da dedução de 1/3 referente aos gastos pessoais da vítima. APELO PROVIDO. Apelação Cível 70029029279. Olga Bueno de Oliveira, Jose Luiz Vieira Nunes e SOUL — Sociedade de Ônibus União Ltda. Relatora: Judith dos Santos Mottecy. 21 maio 2009. Jurisprudência: pesquisa de jurisprudência. *Poder Judiciário — Tribunal de Justiça do Estado do Rio Grande do Sul*. Disponível em: <http://www1.tjrs.jus.br/busca/?tb=juris>. Acesso em: 25 set. 2010.

SANTA CATARINA. Tribunal de Justiça. APELAÇÃO CÍVEL. RESPONSABILIDADE CIVIL. ACIDENTE DE TRÂNSITO. ÔNIBUS DE PROPRIEDADE DA RÉ QUE, AO RETORNAR À PISTA, SAINDO DA BAINHA PARA EMBARQUE/DESEMBARQUE DE PASSAGEIROS, INTERROMPE O TRAJETO DO CAMINHÃO DO AUTOR QUE SEGUIA EM SUA MÃO DE DIREÇÃO. DESVIO DO AUTOR PARA EVITAR A COLISÃO. CAMINHÃO CARREGADO QUE NÃO SUPORTA A MANOBRA ABRUPTA E TOMBA. REPONSABILIDADE OBJETIVA DA RÉ. APLICAÇÃO DA TEORIA DO RISCO. EMPRESA CONCESSIONÁRIA DE SERVIÇO PÚBLICO. EXEGESE DO ART. 37, § 6º, DA CF. DEVER DE INDENIZAR CONFIGURADO. DANO E NEXO CAUSAL DEVIDAMENTE COMPROVADOS. SENTENÇA MANTIDA. RECURSO DESPROVIDO. Figurando no polo passivo da demanda pessoa jurídica de direito privado concessionária de serviço público, aplicável a teoria do risco administrativo, segundo a qual a responsabilidade da prestadora de serviço público por dano causado a terceiro é objetiva, nos termos do art. 37, § 6º, da Constituição Federal. "Responsabilidade objetiva da empresa de transporte coletivo, prestadora de serviço público (art. 37,§ 6º, da CF). Se o dano foi causado a terceiro pelo motorista da empresa ré, no desempenho do serviço público (transporte de passageiros), desinteressa se o terceiro era ou não usuário do coletivo." (TJ-RS Ap. Cív. n. 70025586140, de Porto Alegre, Décima Segunda Câmara Cível, Rel. Des. Orlando Heemann Junior, j. em 12-3-2009). Apelação Cível 2005.017766-7. Empresa Nossa Senhora da Glória Ltda. e Mário Possamai. Relator: Carlos Adilson Silva. 25 set. 2009. Jurisprudência: jurisprudência do Tribunal de Justiça. *Poder Judiciário de Santa Catarina*. Disponível em: <http://app.tjsc.jus.br/jurisprudencia/acnaintegra!html.action?parametros. frase=responsabilidade+objetiva&parametros.todas=concession%E1ria+terceiro+usu%E1rio +37&parametros.orgaoJulgador=&parametros.pageCount=10&parametros.dataFim=& parametros.dataIni=&parametros.uma=&parametros.ementa=&parametros.cor=FF0000& parametros.tipoOrdem=relevancia&parametros.juiz1Grau=&parametros.foro=&parametros. relator=&parametros.processo=&parametros.nao=fatura+omissivo+interrup%E7%E3o& parametros.classe=&parametros.rowid=AAARykAAKAAAAshAAD>. Acesso em: 25 set. 2010.

SANTA CATARINA. Tribunal de Justiça. **RESPONSABILIDADE** CIVIL. PESSOA JURÍDICA DE DIREITO PRIVADO PERMISSIONÁRIA DE SERVIÇO PÚBLICO. EMPRESA DE ÔNIBUS. ACIDENTE DE TRÂNSITO. ATROPELAMENTO DE PEDESTRE NA AVENIDA BEIRA-MAR NORTE. VÍTIMA QUE NÃO SE QUALIFICA COMO USUÁRIA DIRETA DO SERVIÇO DELEGADO. **RESPONSABILIDADE** SUBJETIVA. INTELIGÊNCIA DO ART. 37, § 6º, DA C.F. DE 1988. MÉRITO. ACERVO PROBATÓRIO DEFICIENTE. BOLETIM DE

OCORRÊNCIA QUE NÃO ELUCIDA MINIMAMENTE A DINÂMICA DO ACIDENTE. AUSÊNCIA DE TESTEMUNHAS. CULPA DA RÉ NÃO COMPROVADA. ÔNUS QUE INCUMBIA AOS ACIONANTES, EX VI DO ART. 37, § 6º DA C.F. DE 1988 E DO ART. 333, I, DO CPC. DEPOIMENTO PESSOAL DO MOTORISTA, ADEMAIS, QUE INDICA A EXISTÊNCIA DE CULPA EXCLUSIVA DA VÍTIMA. "A **RESPONSABILIDADE** civil das pessoas jurídicas de direito privado prestadoras de serviço público é **OBJETIVA** relativamente aos usuários do serviço, não se estendendo a pessoas outras que não ostentem a condição de **USUÁRIO**. Exegese do art. 37, § 6º, da CF." (STF — RE n. 262651, Rel. Min. Carlos Velloso.) O processo civil pátrio, via de regra, orienta-se pelo princípio dispositivo, por isso que o ônus da prova incumbe ao autor, quanto ao fato constitutivo de seu direito, e ao réu, relativamente à existência de fato impeditivo, modificativo ou extintivo do direito do autor (art. 333 do CPC, incisos I e II). Daí ser fácil apreender que destoa do sistema permitir-se o deferimento de pretensões embasadas em meras conjecturas, carecedoras de aparato probatório hábil a lhes dar sustentação. Apelação Cível 2006.005879-3. Maria de Lourdes Haffemann, Cristiano Haffemann e Transol — Transportes Coletivos Ltda. Relatora: Maria do Rocio Luz Santa Ritta. 08 jun. 2007. Jurisprudência: jurisprudência do Tribunal de Justiça. *Poder Judiciário de Santa Catarina*. Disponível em: <http://app.tjsc.jus.br/jurisprudencia/acnaintegra!html.action?parametros.frase=responsabilidade+objetiva&parametros.todas=+terceiro+usu%E1rio+37&parametros.orgaoJulgador=&parametros.pageCount=10&parametros.dataFim=01%2F08%2F2009&parametros.dataIni=&parametros.uma=&parametros.ementa=&parametros.cor=FF0000&parametros.tipoOrdem=relevancia&parametros.juiz1Grau=&parametros.foro=&parametros.relator=&parametros.processo=&parametros.nao=fatura+omissivo+interrup%E7%E3o+telefonia&parametros.classe=&parametros.rowid=AAARykAAKAAB1YjAAG>. Acesso em: 25 set. 2010.

SANTANA, Alexandre Ávalo. Aspectos polêmicos sobre a responsabilidade civil na prestação do serviço público (implicações decorrentes da delegação). *Jus Vigilantibus*. Disponível em: <http://jusvi.com/artigos/37995>. Acesso em: 22 maio 2010.

SANTIAGO, Edna Ribeiro. Responsabilidade da pessoa jurídica de direito privado prestadora de serviço público em relação aos não-usuários do serviço. *Jus Navigandi*, Teresina, ano 12, n. 1782, 18 maio 2008. Disponível em: <http://jus2.uol.com.br/doutrina/texto.asp?id=11198>. Acesso em: 22 maio 2010.

SANTOS, Márcia Walquiria Batista dos; QUEIROZ, João Eduardo Lopes. *Direito administrativo*. Rio de Janeiro: Elsevier, 2008. Série Direito ponto a ponto. t.I. 328 p.

SILVA, De Plácido e. *Vocabulário jurídico*. 20. ed. Rio de Janeiro: Forense, 2002. 877 p.

VENDRAMEL, Aparecida. *Responsabilidade extracontratual do Estado*. São Paulo: Themis Livraria e Editora, 1999. 291 p.

Produção Gráfica e Editoração Eletrônica: RLUX
Projeto de capa: RAUL CABRERA BRAVO
Impressão: PIMENTA GRÁFICA E EDITORA

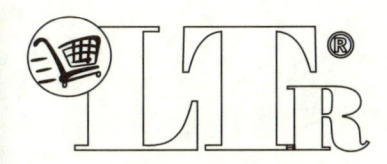

LOJA VIRTUAL
www.ltr.com.br

BIBLIOTECA DIGITAL
www.ltrdigital.com.br

E-BOOKS
www.ltr.com.br